Bauen mit Frischholz

15 einfache Projekte

Alan und Gill Bridgewater

Zuerst erschienen 2002 bei New Holland Publishers (UK) Ltd.
Copyright 2002 New Holland Publishers (UK) Ltd

Copyright 2015 Fox Chapel Publishing Co Inc, East Petersburg, PA, USA

Alle Rechte vorbehalten. Jede Art der Wiedergabe von Texten, Bildern, Photos oder Illustrationen aus diesem Buch und die Verbreitung durch Druck, elektronische, fotomechanische oder sonstige Wiedergabe, aber auch durch Verwendung im Internet, sowie die Verbreitung durch Funk oder Fernsehen bedürfen der schriftlichen Zustimmung des Verlages und des Copyright-Inhabers.

Die Anwendungsempfehlungen und Konstruktionsbeispiele in diesem Buch wurden nach bestem Wissen zusammengestellt. Für die praktische Umsetzung lassen sich daraus jedoch keine Haftungsansprüche gegenüber Autor oder Verlag ableiten.

Herausgeber: Rosemary Wilkinson
Lektorat: Clare Johnson
Produktion: Hazel Kirkman

Entworfen und ausgeführt für New Holland von AG & G Books
Idee: Glyn Bridgewater
Gestaltung: Gill Bridgewater

Projektdesign: Alan und Gill Bridgewater
Fotos: AG & G Books, Fiona Corbridge

ISBN der deutschsprachigen Ausgabe: 978-3-936896-81-7

© ökobuch Verlag GmbH
Königstr. 43, 26180 Rastede
www.oekobuch.de

Kontaktadresse nach EU-Produktsicherheitsverordnung:
verlag@oekobuch.de

1. Auflage 2002
2. Auflage 2015
3. Auflage 2025

Übersetzung ins Deutsche: Eckard Teichert, Staufen

Printed in the European Union

INHALT

Einführung 4
Über Frischholz 6
Werkzeuge 8
Arbeitstechniken 10

DIE PROJEKTE 14
Schutzglocke 16
Rankgitter mit Bogen und Ornament 20
Vogelfutterhäuschen 24
Geflochtene Beeteinfassung 28
Klassischer Kegel 32
Rustikale Gartentür 36
Obelisk 40
Pflanzkasten in Blockbauweise 44
Rustikale Gartenbank 48
Arkade aus lebender Weide 52
Sichtschutz mit Herz 56
Rustikale Pergola 60
Rustikaler Gartensessel 64
Brücke aus Frischholz 68
Tee-Pavillon 72

EINFÜHRUNG

Als wir frisch verheiratet waren, streiften wir gern und oft tagelang durch die Wälder um unser Häuschen auf dem Land. Wir erinnerten uns an heiße Tage, an denen die Sonne durch die Bäume flimmerte und den Waldboden sprenkelte, und an die ständige

Kreatives Schaffen im Garten mit Frischholz macht nicht nur Freude, sondern bringt auch ästhetische und nützliche Objekte hervor.

Suche nach dem idealen Picknickplatz. Eine unserer Wanderungen führte uns immer tiefer in einen großen Wald, und wir bekamen Angst, uns zu verirren. Dann öffneten sich die Bäume auf eine sonnige Lichtung zu, und vor uns stand eine Holzfäller-Hütte mit allem, was dazugehört, einem Sägebock, einem Holzstapel und einem Berg von Sägespänen.

Die Hütte mit allem was dazu gehörte sah aus, als sei sie direkt aus dem Wald entstanden. Die Gartentür war aus rohen, gespaltenen Brettern gefertigt, der Türriegel bestand aus einem knorrigen Aststück und als Brücke über den Bach dienten ein paar umgefallene Bäume. Das Vordach ruhte auf abgeschnittenen Baumstämmen und sogar der Schuppen war im Blockhausstil gebaut. Überall gab es Gegenstände, die aus Frischholz gefertigt waren – Vogelhäuschen, Heurechen, Besen, Wäscheklammern, Gartenstühle – alles schön hergestellt aus frisch gesägten Holzteilen, die gespalten, oder in der Rinde belassen bzw. zurechtgebogen waren und mit Säge, Axt und Messer bearbeitet worden waren. Für uns war das die Vision eines Lebens im Glück, und wir waren hingerissen.

Ab da hatten wir einen Traum, den wir zu verwirklichen suchten. Wir stellten uns vor, ein kleines Grundstück im Wald zu kaufen und darauf ein Blockhaus zu bauen. Wir wollten ein paar Kinder großziehen, unsere Lebensmittel selbst anbauen, unser Auto gegen ein Pferd eintauschen und unsere Möbel aus Frischholz bauen. Natürlich wissen wir jetzt, dass unsere Träume aus dem

Überschwang der jungen Liebe kamen, aber dennoch haben wir von jenem Tag an immer auf unsere bescheidene Weise versucht, unserer romantischen Vision treu zu bleiben. So haben wir in den Folgejahren, wenn immer möglich, als Baumaterial Frischholz verwendet.

Frischholz ist leicht zu bekommen, es ist billig oder kostenlos, die Techniken sind unkompliziert und leicht zu erlernen. Für die Vorhaben in diesem Buch sind nur ein paar einfache Werkzeuge nötig. Wenn Sie einen Garten mit einem Stück Rasen und einen kleinen Schuppen haben, in dem Sie den Holzvorrat und das Werkzeug aufbewahren, dann ist der Rest einfach. Es gibt keine leichtere Methode, Gartenmöbel und andere Objekte herzustellen.

Das Arbeiten mit Frischholz war etwas aus der Mode gekommen, aber inzwischen gehört es zu der wachsenden Bewegung, unsere heimischen Wälder zu erhalten. Wenn Sie sich vorstellen können, Frischholz zu besorgen, es mit einem Beil zu spalten, die Teile zu verbinden und mit den so hergestellten Gegenständen Ihr Haus und Ihren Garten zu verschönern, dann werden Sie dieses Buch anregend und lohnend finden.

Viel Freude beim Werken,

SICHERHEITSHINWEIS

Das Arbeiten mit Holz ist nicht ganz ungefährlich. Lesen Sie deshalb diese Hinweise, bevor Sie mit der Arbeit beginnen:

- Wenn Sie ein Beil benutzen, achten Sie darauf, dass Sie in einer bequemen Höhe arbeiten, dass Sie einen sicheren Stand haben, und dass Ihre Hände oder Beine nicht getroffen werden können. Vergewissern Sie sich, dass sich niemand in der Nähe aufhält.
- Verwenden Sie nach Möglichkeit keine Geräte, die mit einem Kabel an das Netz angeschlossen werden, sondern Akku-Geräte.
- Wenn Sie mit einem netzbetriebenen Gerät arbeiten, dann sollte es gut abgesichert sein.
- Lassen Sie sich helfen, wenn Sie etwas Schweres tragen müssen.
- Für den Fall eines Unfalls sollten ein Verbandskasten und ein Telefon in der Nähe sein.
- Wenn Ihre Kinder dabei sein wollen, dann lassen Sie sie entweder aus sicherer Entfernung zuschauen oder geben Sie ihnen leichte Aufgaben, lassen Sie sie jedoch nie unbeaufsichtigt.

ÜBER FRISCHHOLZ

Es ist ein schönes Erlebnis, ein Stück Dickicht zu fällen (oder gefälltes Holz zu kaufen), und dann die Stangen, Ruten und Schösslinge in Objekte für die Veranda oder den Garten zu verwandeln. Der Geruch des Saftes und die einfachen Werkzeuge werden Sie in vergangene Welt eines Holzhandwerkers auf dem Lande versetzen.

FRISCHHOLZ FRÜHER

Frischholz ist frisch geschnittenes Holz, das noch in seinem nassen oder „grünen" Zustand ist, im Gegensatz zu trockenem, abgelagertem Holz. Früher verarbeitete ein Holzhandwerker das Holz kurz nach dem Fällen, während ein Zimmermann mit zugeschnittenen Teilen arbeitete. Mit ihren Werkzeugen, wie Sägen, Äxten und Schnitzmessern verwandelten die Holzhandwerker Bäume und Unterholz in Gartentüren, Hürden, Rechen, Sensenstiele, Holzschuhe, Stühle, Besen, Reifen oder Zeltheringe.

Leider geriet die Verarbeitung von Frischholz weitgehend in Vergessenheit, als in den vierziger Jahren die Holzwirtschaft mechanisiert wurde. Ganze Bäume konnten nun mechanisch getrocknet, gesägt und zu standardisierten Holzteilen verarbeitet werden. Gott sei Dank lebt jedoch gegenwärtig das Interesse an Gegenständen aus Frischholz wieder auf, und eine neue Generation von Handwerkern stellt viele Dinge her, von Verandastühlen über Bänke bis zu Gartenhäuschen, Gartentüren, Vogelfutterhäuschen, Schutzwänden, Hürden, Tragekörben und Baumleitern.

DAS ROHMATERIAL

In Deutschland, Österreich und der Deutschschweiz fällt Frischholz vor allem beim Säubern von Bachläufen, beim Durchforsten von Waldstücken, beim Pflegen von Parkanlagen und beim privaten Strauch- und Heckenschnitt an. Sie können sich beispielsweise an Forstämter oder an das städtische Gartenamt wenden, wenn Sie sich Holz für die Projekte besorgen wollen. Häufig wird es möglich sein, sich auf dem örtlichen „Häckselplatz" passende Hölzer selbst auszusuchen.

In diesem Buch werden die Hölzer, die bei den Projekten verwendet werden, nach der Dicke unterschieden, wobei zu beachten ist, dass natürlich gewachsenes Holz nach oben immer dünner wird. Wir nennen in diesem Buch Hölzer, die dünner als 1,5 cm sind, „Schösslinge", von 1,5 bis 4 cm Dicke sind es „Ruten", und „Stangen" sind über 4 cm dick.

Was Sie sonst noch brauchen, vor allem Nägel, Draht und Schnur oder Garn, bekommen Sie in Baumärkten, in Gartencentern und im Fachhandel.

Niederwaldwirtschaft in England (bei uns nicht so gebräuchlich): Bäume werden „auf Stock gesetzt" d.h. etwa auf Bodenniveau abgesägt. Die aus dem Stumpf austreibenden Ruten und Stangen werden dann von Zeit zu Zeit „geerntet".

Frischholz und andere Materialien für die Projekte in diesem Buch:
(1) Roh gesägte Bohle, (2) Haselruten, (3) verschiedene Stangen, (4) Buchenruten, (5) Lärchenstangen, (6) Hackklotz, (7) verzinkte Nägel, (8) Stahlnägel, (9) entrindete Lärchenstange, (10) Schösslinge, (11) grobe Schnur aus Naturfasern, (12) Draht

WERKZEUG

Die Arbeit mit Frischholz ist keine exakte Wissenschaft. Da jedes Teil anders ist (lose Rinde, ungleiche Dicke, Aststellen, krummer Wuchs), können Sie weitgehend nach Augenmaß messen, markieren und schneiden. Betrachten Sie in Ruhe die Eigenart des Holzes, messen und schneiden Sie großzügig, und bringen Sie die Holzteile erst später auf die endgültige Länge. Alle genannten Werkzeuge sind in Baumärkten und im Fachhandel erhältlich.

WERKZEUGE ZUM MESSEN UND MARKIEREN

Kurzes Rollbandmaß *Zimmermannsbleistift* *Langes Rollbandmaß* *Wasserwaage*

Sie brauchen ein langes Rollbandmaß für das Ausmessen des Bauplatzes, für die Länge und den Umfang, sowie ein biegsames kurzes Bandmaß aus Metall für alle anderen Maße. Zu empfehlen ist ein Rollbandmaß aus Fiberglas, weil es fast unverwüstlich ist und auch Nässe verträgt. Sie brauchen auch eine größere Wasserwaage und einen flachen Zimmermannsbleistift.

WERKZEUGE ZUM SCHNEIDEN VON HOLZ

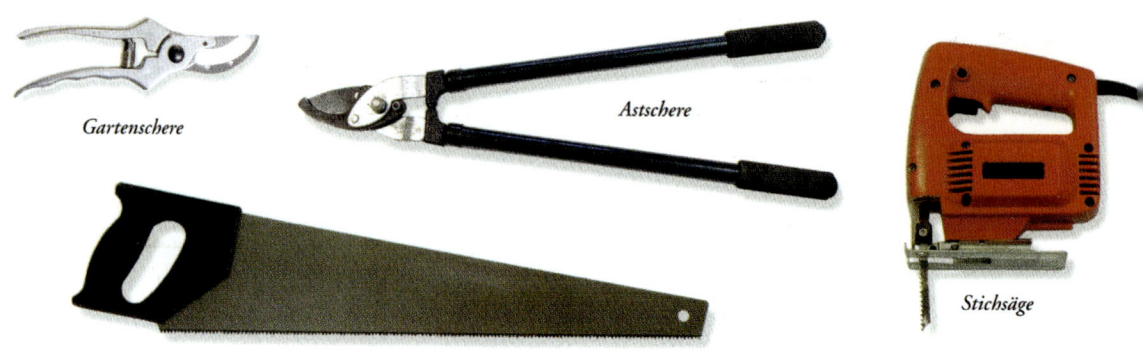

Gartenschere *Astschere* *Stichsäge* *Fuchsschwanz*

Sie brauchen einen Fuchsschwanz mit grober Zahnung zum Schneiden von Brettern und Stangen, eine Astschere mit langen Griffen zum Schneiden von dickeren Ruten, sowie eine Gartenschere für dünnere Ruten und Schösslinge, und eine elektrische Stichsäge, um gekrümmte Schnitte in Brettern auszuführen.

Da Frischholz normalerweise nass, klebrig und harzig ist und Rinde und Aststellen hat, empfehlen wir Astscheren und Gartenscheren von bester Qualität (weil sie sich leichter reinigen und schärfen lassen) und preiswerte Sägen, die bei Bedarf ersetzt werden können.

WERKZEUGE FÜR HOLZVERBINDUNGEN

Acht Grundwerkzeuge sind nötig, um Frischholz zu verbinden: Mit einem Beil wird dem Holz die grobe Form gegeben und die Rinde entfernt, ein Holzhammer („Klüpfel") und ein Stechbeitel sind für saubere Schnitte und Flächen dienlich. Eine Akku-Bohrmaschine ist nötig, um Löcher vorzubohren, bevor genagelt wird, ein Latthammer, um Nägel einzuschlagen, (stattdessen kann man aber auch einen normalen Hammer und eine Beißzange verwenden), ein Fäustel, der beim Umschlagen von Nägeln als Amboss dient, ein Seitenschneider und eine Spitzzange zum Arbeiten mit Draht. (Genauso gut eignet sich eine Kombizange.)

WEITERE HILFSMITTEL

Sie können eine oder zwei tragbare Universal-Werkbänke bzw. einfache Sägeböcke verwenden, wenn Sie sägen und Holzteile verbinden, einen Hackklotz, wenn Sie mit dem Beil arbeiten, und eine Stehleiter für Projekte wie z.B. den „Teepavillon". Für das eine oder andere Vorhaben brauchen Sie einen Spaten zum Einebnen des Bauplatzes und zum Ausheben von Löchern für die Pfosten, einen Vorschlaghammer zum Einschlagen der Pfosten, und ein Stück 20 mm dickes, wetterfestes Sperrholz als Arbeitsplatte auf dem Boden.

ARBEITSTECHNIKEN

Es macht Spaß, mit Frischholz im Garten zu arbeiten. Jeder, der fähig ist, eine Säge zu halten, Rinde mit dem Beil zu entfernen und einen Nagel einzuschlagen, kann auch mit Frischholz arbeiten. Lassen Sie sich von der natürlichen Gestalt des Holzes leiten, und Sie werden die Techniken kinderleicht finden.

MESSEN UND MARKIEREN

Oft kann einfach mit dem Auge gemessen werden. Halten Sie das Stück an die Stelle, markieren Sie mit der Säge die Schnittstelle und sägen Sie dort ab.

Auslegen
Legen Sie mit Hilfe von Rollbandmaß, Pflöcken und Schnur die Lage fest.

Rechte Winkel
Um sicherzugehen, dass alle Ecken 90° haben, müssen die beiden Diagonalen gleich lang sein.

Bei der Arbeit mit ungleichmäßig geformtem Holz kann die Wasserwaage nur eine grobe Vorstellung von der Waagerechten liefern.

Ein Rechteck auslegen: Die gegenüberliegenden Seiten müssen gleich lang sein. Messen Sie die Länge der beiden Diagonalen. Wenn sie ungleich sind, addieren Sie die Maße und teilen durch 2. Versetzen Sie die Pflöcke, bis die Länge der Diagonalen übereinstimmt.

Wir messen und schneiden die Teile gewöhnlich in Überlänge und kürzen sie zum Schluss auf die richtige Größe. Wenn Sie mit Frischholz arbeiten und dabei mit Bandmaß und Wasserwaage nachmessen, kommt es eigentlich nur darauf an, dass die Teile im Ganzen passen und im Winkel sind.

Bauen mit Frischholz heißt mit unregelmäßig gewachsenen, krummen und verdrehten Holzteilen zu arbeiten. Sie müssen flexibel auf die Besonderheiten eingehen und sollten bedenken, dass Unvollkommenheit zum Wesen von Frischholz gehört.

ARBEITEN MIT SÄGE, ASTSCHERE UND BEIL

Ein Fuchsschwanz mit grober Zahnung eignet sich für gerade Schnitte in Bretter und Rundhölzer, die dicker als 2 cm sind.

Gebogene Formen
Das dünne Blatt einer Stichsäge erlaubt gebogene Schnitte.

Benutzen Sie eine elektrische Stichsäge, wenn Sie gebogene Schnitte in Brettern ausführen wollen. Setzen Sie ein Sägeblatt ein, das zu der Dicke des Brettes passt. Eine Stichsäge eignet sich nicht zum Sägen von Rundhölzern.

Normalerweise empfehlen wir für diese Arbeiten den Gebrauch von guten, bewährten Qualitätswerkzeugen; anders beim Sägen: Das nasse, saftige und harzige Frischholz beansprucht die Zähne so sehr, dass eine Säge nur ein paar Projekte durchhält. Einen billigen Fuchsschwanz kann man dann entsorgen. Ob wir eine Handsäge oder eine elektrische Stichsäge verwenden: wir versuchen immer dort zu arbeiten, wo die Teile später aufgestellt werden, wobei wir die Werkstücke an einen Sägebock lehnen bzw. auf einer tragbaren Universalwerkbank einspannen.

Für das Schneiden von dünneren Rundhölzern gilt, dass die Astscheren besser für dickes oder hartes Holz geeignet sind, die Gartenscheren für dünnes oder weiches. Mit der Astschere schneidet man viel leichter in einem stumpfen Winkel, der einen längeren Schnitt in Richtung der Holzmaserung ergibt.

Wenn Sie ein Beil benutzen, brauchen Sie einen Hackklotz. Ein Stammabschnitt mit einem Durchmesser von etwa 40 cm und einer Höhe von 60 cm ist ideal. Wenn Sie mit dem Beil an dem Holzstück seitlich entlang hauen, z.B. beim Zuspitzen oder beim Entfernen der Rinde, dann empfiehlt es sich, vorher ein Brett als Halt auf den Hackklotz zu nageln. So kann das Werkstück nicht wegrutschen. Es ist besser, mehrere leichte, gut gezielte Hiebe auszuführen, als zu versuchen, die gewünschte Form mit nur einem Hieb zu erreichen, da es auf diese Weise leicht passiert, dass mehr weggeschlagen wird, als man wollte.

Arbeit mit dem Beil
Schlagen Sie solange Span für Span ab, bis die gewünschte Form erreicht ist.

Hackklotz
Darauf legen Sie das zu bearbeitende Werkstück.

Mit der Astschere kürzen Sie 1 - 2 cm starke Ruten.

Ein scharfes Beil ist ideal zum Behauen von Holz. Sie können damit eine Stange oder Rute zuspitzen bzw. abflachen.

ARBEITSTECHNIKEN

VERBINDUNGEN

Für eine Überblattung mit schrägem Winkel spannen Sie die Stange ein und sägen Sie sie bis zur Hälfte ein.

Mit einem Beil als Stemmeisen und einem Holzstück als Schlegel spalten Sie die Stange bis zu dem Sägeschnitt.

Mit einem breiten Stechbeitel können Sie für die Überblattung eine ebene Fläche schaffen.

Bei Frischholzverbindungen gilt es, zwei oder mehr Holzteile zu einem starken, stabilen Ganzen zusammenzufügen. Eine besondere Schwierigkeit liegt darin, dass die Holzteile ungleichmäßig rund sind und zudem in der Dicke abnehmen. Grundsätzlich gibt es zwei Verbindungsmethoden. Man kann entweder die beiden Teile Rinde an Rinde zusammenfügen, wobei sie wenig Kontakt haben, so dass eine relativ schwache Verbindung entsteht. Oder man kann mit Säge, Beil und Stechbeitel an den Verbindungsstellen ebene Flächen schaffen, bevor sie zusammengefügt werden. Diese Methode führt zu einer stabileren Verbindung.

BIEGEN UND FLECHTEN

Biegen
Das Holz muss vorsichtig gebogen werden, damit es nicht bricht.

Abwechselnde Dicke
Achten Sie beim Flechten darauf, dass jeweils ein dünnes Ende neben einem dicken Ende zu liegen kommt.

Festklopfen
Klopfen Sie beim Flechten jede Rute fest an die vorherige.

Schösslinge lassen sich vorsichtig zu einem Bogen formen, vorausgesetzt, das Holz ist noch frisch.

Geflochtene Schösslinge zwischen Holzpfählen ergeben ein gefälliges Muster für Sichtschutzwände oder Zäune.

Für eine Reihe der in diesem Buch vorgestellten Projekte muss Holz gebogen werden. Je nach Projekt sind dünne Schösslinge geeignet, die leicht zu einem engen Kreis gebogen werden können, wie bei dem Kegel (S. 32), oder aber stabileres Holz, das sich eher zu einem breiten Bogen formen lässt, wie bei dem Sessel (S. 64) oder dem Sichtschutz (S. 56). Viele Holzarten lassen sich biegen, wir bevorzugen Weide für enge und junges Hasel- oder Buchenholz für breite Bögen. Holz, das im Frühjahr geschnitten wurde, lässt sich leichter biegen als Holz vom Winter. Verwenden Sie immer Holz aus lokalen Beständen.

VORBOHREN UND NAGELN

Bevor Sie einen Nagel einschlagen, sollten Sie (besonders am Ende von Holzteilen) ein Loch vorbohren.

Wenn das Holz beim Nageln zurückfedert, hilft es, mit einem Fäustel dagegenzuhalten.

Ein langer Nagel, durch beide Holzteile geschlagen und dann umgebogen, macht die Verbindung fester.

Ist das Holz zugeschnitten und die Verbindung vorbereitet, werden die Teile zusammengenagelt. Dabei sollte der Nagel den einen Teil durchdringen und etwa zur Hälfte bis ganz in den anderen eindringen.

Bohren Sie immer vor, bevor Sie die Teile zusammennageln, um ein Reißen des Holzes möglichst zu vermeiden. Wählen Sie dazu einen Bohrer, der im Durchmesser etwas kleiner ist als der Nagel.

Wenn es bei einem Projekt wichtig ist, dass eine bestimmte Verbindung besonders fest und stabil wird, bohren Sie zuerst ein Loch durch beide Holzteile, klopfen dann einen langen Nagel durch beide Teile, so dass die Spitze am anderen Ende wieder herausschaut. Biegen bzw. schlagen Sie nun die Spitze so um, dass sie entweder auf das Werkstück zurückgebogen wird oder (noch besser) wieder in das Holz eindringt.

BINDEN

Naturgarn
Verwenden Sie Schnur oder Garn aus Naturfasern, z.B. Kokos.

Drahtverbindung
Umwickeln Sie jede Verbindung an drei Stellen mit Draht.

Biegsames Holz
Ein Weidenschössling wird zu einem Ring verflochten.

Dünnes und flexibles Frischholz wird zur Verstärkung und aus ästhetischen Gründen über die Schnurverbindung gelegt.

Man verbindet mit Draht, wenn das Holz zum Nageln zu dünn ist. Mit der Zange wird die Drahtverbindung festgedrillt.

Wir benutzen dünnen kunststoffummantelten Draht zum Verbinden von gebogenem Holz, weil beim Biegen des Holzes eine hohe Spannung entsteht; Schnur oder Garn sind zum Bündeln sinnvoll, wie z.B. beim Obelisk (S. 40); und dünne Weidenschösslinge, wenn wir etwas umwinden möchten, wie z.B. bei den Reifen, die beim Kegel (S. 32) Verwendung finden. Wenn Sie Weidenschösslinge besorgen, achten Sie darauf, dass es einjährige, grüne Triebe sind, denn sie sind leicht zu schneiden und zu biegen. Schneiden Sie keine Triebe ab ohne die Einwilligung des Eigentümers.

DIE PROJEKTE

Bei den Materiallisten beziehen sich die Längenangaben auf das Holz, wie Sie es besorgen sollten. Die Angaben für die Dicke der Holzteile sind als Richtwerte zu betrachten.

SCHUTZGLOCKE

Diese dekorative geflochtene Schutzglocke in Form eines Bienenkorbs, die an die beliebten Glasglocken der Gärten des 19. Jahrhunderts erinnert, schützt und stützt junge Pflanzen. Wenn Sie damit zarte Triebe oder Blumen überdecken, schaffen Sie eine attraktive „Barriere", die Haustiere und Kinder auf Distanz hält.

WAS SIE BRAUCHEN

Material für eine Schutzglocke, die etwa 60 cm hoch und 1 m im Durchmesser ist.

- 8 Ruten aus Buche oder Hasel, je 3 m lang und 1,5 cm dick (oder eine 3 m lange und elf 2 m lange Ruten)
- 4 Holzklötze, etwa 10 cm dick, zum Unterlegen
- Bindedraht, kleine Rolle, kunststoffummantelt, 2 mm stark
- 9 Stahlnägel, 150 mm lang
- 1 Rolle Bindfaden
- Grobe Gartenschnur oder Garn aus Naturfaser

Werkzeuge
- *Bleistift und Bandmaß*
- *Kombizange*
- *Astschere mit langen Griffen*
- *Gartenschere*

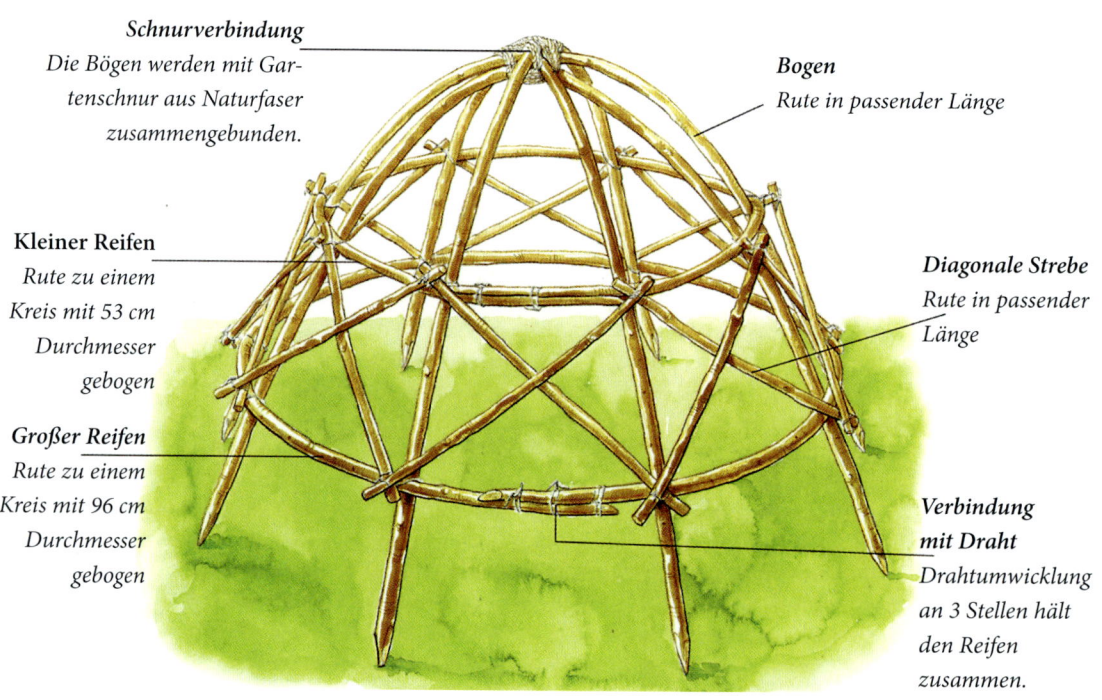

Schnurverbindung
Die Bögen werden mit Gartenschnur aus Naturfaser zusammengebunden.

Bogen
Rute in passender Länge

Kleiner Reifen
Rute zu einem Kreis mit 53 cm Durchmesser gebogen

Diagonale Strebe
Rute in passender Länge

Großer Reifen
Rute zu einem Kreis mit 96 cm Durchmesser gebogen

Verbindung mit Draht
Drahtumwicklung an 3 Stellen hält den Reifen zusammen.

BAU DER SCHUTZGLOCKE

1. Mit einer geraden und biegsamen Rute formen Sie vorsichtig einen Reifen mit 96 cm Durchmesser. Binden Sie die überlappenden Enden an drei Stellen mit Draht fest zusammen und schneiden Sie dann die überstehenden Enden der Rute ab. Dann formen Sie auf die gleiche Weise einen zweiten Reifen mit 53 cm Durchmesser.

2. Legen Sie den großen Reifen auf die vier Unterlegklötze. Stecken Sie einen Nagel in der Kreismitte und acht in gleichen Abständen außerhalb des Kreises in das Gras. Verbinden Sie die Nagelköpfe mit Bindfäden, so dass der Kreis in acht gleiche Abschnitte unterteilt wird. Der Bindfäden markieren die Positionen der Bögen.

3. Kürzen Sie eine Rute auf 2 m und biegen Sie sie zu einem Bogen. Stecken Sie die beiden Enden innerhalb des Kreises in den Boden, so dass der Bogen den Durchmesser des Kreises überspannt. Stecken Sie die Enden so tief in den Boden, dass die höchste Stelle des Bogens etwa 50 cm über dem Rasen liegt.

4. Stellen Sie die drei anderen Bögen in gleicher Weise her und binden Sie die Bögen an den Kreuzungspunkten mit Draht fest an den Reifen. Ziehen Sie die Bogenenden vorsichtig aus dem Boden und entfernen Sie die Unterlegklötze, die Schnur und die Nägel. Kürzen Sie mit der Gartenschere die Bogenenden so, dass der „Bienenkorb" etwa 60 cm hoch ist.

5 Umwickeln Sie den oberen Kreuzungspunkt mit grober Gartenschnur oder Garn, so dass ein großer kugelförmiger Knoten entsteht, der die Konstruktion sicher zusammenhält. Streifen Sie den zweiten Reifen über den „Bienenkorb", bringen Sie ihn nach Augenmaß in die Waagerechte und binden ihn mit Draht ringsum fest.

6 Schneiden Sie die restlichen Rutenstücke so zu, dass sie diagonal über die „Fenster" passen, die durch die zwei Reifen und die Bögen eingerahmt werden. Befestigen Sie sie mit Draht. Schneiden Sie zum Schluss alle überstehenden Enden des Holzes und des Drahtes mit der Gartenschere und der Kombizange (bzw. Seitenschneider) ab.

VARIANTEN

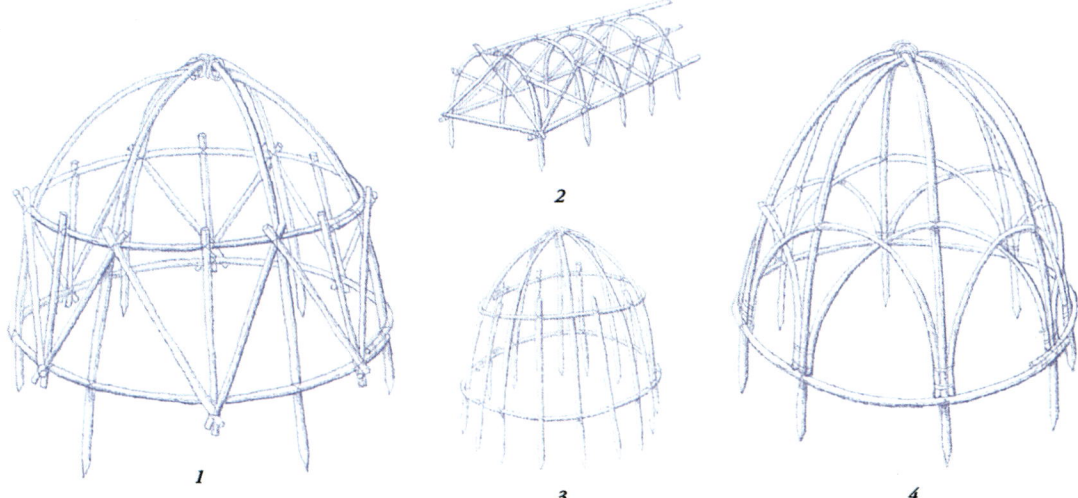

(1) Einfache Glocke (2) Tunnel fürs Frühbeet aus Reifen und Streben (3) Glocke mit Stäben in engen Abständen, um Haustiere abzuhalten. (4) Glocke mit gebogenen Streben

RANKGITTER MIT BOGEN UND ORNAMENT

Dieses zierliche Rankgitter entstand in Anlehnung an die feingliedrigen rustikalen Holzkonstruktionen, die in der zweiten Hälfte des 19. Jahrhunderts besonders in ländlichen Gärten beliebt waren. Das rautenförmige Gitter und das Ornament im Rundbogen ergeben zusammen ein Schmuckstück für den Garten, das sich sehr gut eignet, um Rosen daran hochranken zu lassen, oder das als senkrechter Abschluss hinter einer Blumenrabatte dienen kann.

WAS SIE BRAUCHEN

Material für ein ca. 2,34 m hohes und 85 cm breites Rankgitter

- Buchenfrischholz: 3 Ruten, 2 m lang und 2,5 cm im Durchmesser (Rahmen)
- Buchenfrischholz: Sechs 2 m lange und 2 cm dicke Ruten (Gitterstäbe)
- Buchenfrischholz: Drei 2 m lange und 1,5 cm dicke Ruten (Bögen)
- Weide: Drei 1 m lange und 1 cm dicke Schösslinge (Ornament)
- Verzinkte Nägel: 1 Päckchen 3,1 mm x 70 mm
- Bindedraht: kleine Rolle, kunststoffummantelt, 2 mm stark

Werkzeuge

- Bleistift und Bandmaß
- Astschere mit langen Griffen
- Arbeitsplatte aus Sperrholz
- Akku-Bohrmaschine
- Bohrer in passender Größe
- Hammer
- Fäustel
- Kombizange
- Gartenschere

Bogen
1,5 cm dicke Buchenrute in passender Länge

Drahtverbindung

Kleeblattverzierung
1 cm dicker Weidenschössling in passender Länge

Vorgebohrte und zusammengenagelte Verbindungen

Abstand zwischen den Verbindungen etwa 30 cm

Vorgebohrte und zusammengenagelte Verbindung durch die Gitterstäbe und den Rahmen

Gitterstab
2 cm dicke Buchenrute in passender Länge

Waagerechte Stange des Hauptrahmens
2,5 cm dicke und 85 cm lange Buchenrute

Senkrechter Pfosten des Hauptrahmens
2,5 cm dicke und 2 m lange Buchenrute

BAU DES RANKGITTERS

1 Schneiden Sie die drei Buchenruten für den Rahmen mit der Astschere auf die richtige Länge, so dass Sie zwei je 2 m lange Ruten (für die senkrechten Pfosten), und zwei je 85 cm lange Ruten (für die waagerechten Stangen) erhalten. Legen Sie die beiden 2 m langen Ruten für die Pfosten parallel im Abstand von 67,5 cm auf die Arbeitsplatte. Nach dem Vorbohren nageln Sie die beiden waagerechten Stangen darauf - die eine 30 cm vom unteren Ende, die andere 10 cm vom oberen Ende entfernt. Drehen Sie den Rahmen auf den Rücken und schlagen Sie mit dem Hammer die Nägel um.

2 Bringen Sie auf den senkrechten Pfosten alle 30 cm eine Markierung an und markieren Sie die Mitte auf den beiden waagerechten Stangen. Legen Sie die 2 cm dicken Buchenruten für die sechs Gitterstäbe in diagonaler Richtung auf den Rahmen. Schneiden Sie sie mit der Astschere auf die richtige Länge. Bohren Sie die Verbindungen vor und nageln Sie sie zusammen.

3 Wenn Sie die Gitterstäbe auf der einen Seite des Rahmens befestigt haben, drehen Sie ihn um und wiederholen den Vorgang auf der anderen Seite, wobei durch das Anbringen der restlichen sechs Gitterstäbe das Rautenmuster entsteht. Schlagen Sie mit Hilfe der beiden Hämmer die Nägel um: Legen Sie den Fäustel so auf die Unterlage, dass er als Amboss dient, platzieren Sie den Nagelkopf auf dem Fäustel und klopfen Sie mit dem Hammer die nach oben stehende Nagelspitze wieder nach unten, so dass sie möglichst ins Holz eindringt.

4 Biegen Sie die zwei 1,5 cm dicken Buchenruten so lange, bis sie weich und flexibel sind. Nageln Sie sie dann nacheinander an ein oberes Ende des Rahmens, nachdem Sie vorgebohrt haben. Biegen Sie die Rute so, dass ein schöner symmetrischer Bogen entsteht, und nageln Sie das andere Ende genauso an das Ende des gegenüberliegenden Pfostens.

5 Biegen Sie die Weidenschösslinge zu Schleifen, so dass sich die Enden kreuzen, und verbinden Sie die Kreuzungspunkte mit Draht. Legen Sie die drei Schleifen in den Bogen und binden Sie sie mit Draht fest. Die letzte Buchenrute bildet den inneren Bogen und wird ebenfalls mit Draht fixiert. Überstehende Enden werden mit der Gartenschere abgeschnitten.

VARIANTEN

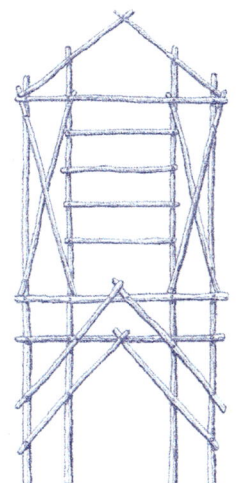 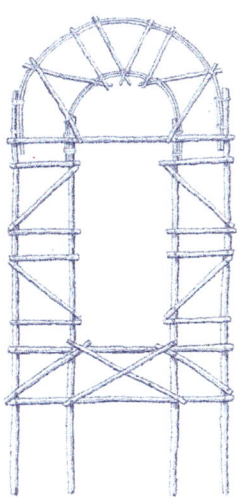 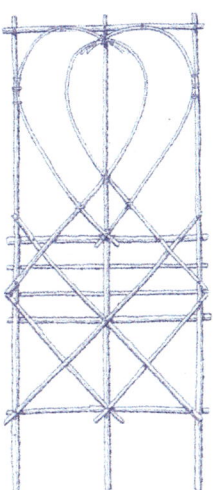

(1) Ein Giebelrankgitter kann auch nur aus geraden Ruten hergestellt werden. (2) Dieses Rankgitter im klassischen Stil hat oben einen Bogen und beiderseits Säulen. (3) Ein Rankgitter mit Herz- und Karomotiven, die verzieren und gleichzeitig stabilisieren.

VOGELFUTTERHÄUSCHEN

Dieses Schmuckstück für Ihren Garten lockt viele Vögel an, die überdies bei der Ungezieferbekämpfung helfen. Unser Entwurf ist einem Vogelfutterhäuschen aus dem 19. Jahrhundert nachempfunden, das wir im Garten eines Wildhüters gesehen hatten. Es überzeugt durch seinen einfachen Aufbau und besteht aus rohen, unbesäumten Brettern, die mit Nägeln (und einigen Schrauben) zusammengehalten werden.

WAS SIE BRAUCHEN

Material für ein etwa 56 cm hohes und 70 cm breites Vogelfutterhäuschen

- Hartholz (rohes, unbesäumtes Brett mit abgeschrägten Kanten): Länge 3 m, Breite 50 cm, Dicke 20 mm (Boden, Unterboden, Wände, Dach, Befestigungsleisten)
- Buchenfrischholz: 2 Ruten, 2 m lang und 3 - 4 cm dick (Firststab, Firststabschluss, Wandverkleidung)
- Stange aus Lärchenholz, ca. 2 m lang und 10 cm dick, mit Astgabel am oberen Ende (Trägerpfosten)
- Verzinkte Nägel: 1 Päckchen 3,1 mm x 70 mm
- Verzinkte Leichtbauplattenstifte: 2 Stück, 60 mm lang
- 4 Holzschrauben: 40 mm lang

Werkzeuge

- Bleistift, Bandmaß, Winkelmaß und Wasserwaage
- Tragbare Werkbank oder Sägeböcke
- Elektrische Stichsäge
- Akku-Bohrmaschine
- Bohrer für die verschiedenen Nagelgrößen
- Hammer
- Fuchsschwanz mit grober Zahnung
- Beil
- Hackklotz
- Schraubenzieher
- Spaten

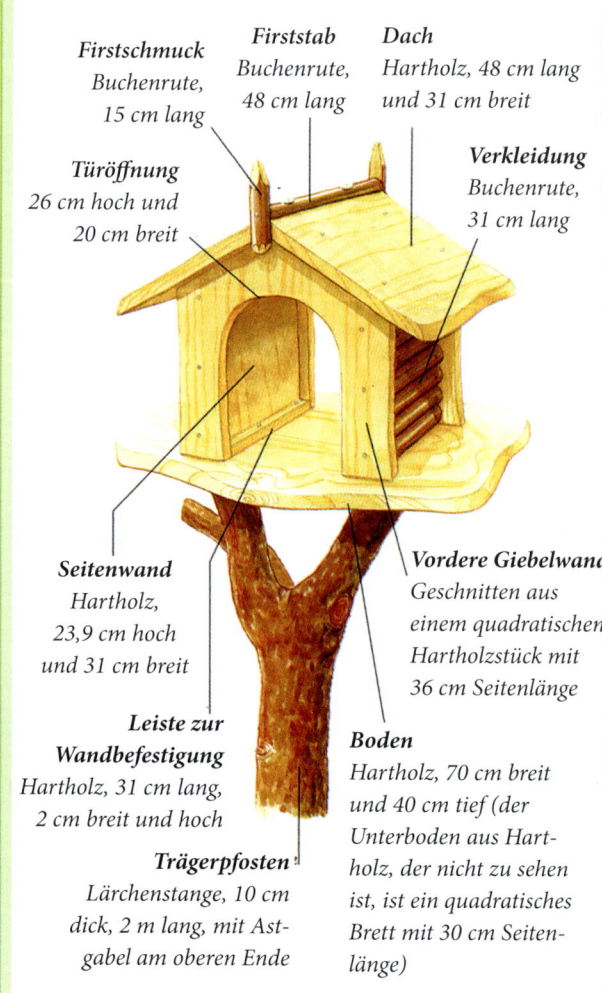

Firstschmuck Buchenrute, 15 cm lang

Firststab Buchenrute, 48 cm lang

Dach Hartholz, 48 cm lang und 31 cm breit

Türöffnung 26 cm hoch und 20 cm breit

Verkleidung Buchenrute, 31 cm lang

Seitenwand Hartholz, 23,9 cm hoch und 31 cm breit

Vordere Giebelwand Geschnitten aus einem quadratischen Hartholzstück mit 36 cm Seitenlänge

Leiste zur Wandbefestigung Hartholz, 31 cm lang, 2 cm breit und hoch

Boden Hartholz, 70 cm breit und 40 cm tief (der Unterboden aus Hartholz, der nicht zu sehen ist, ist ein quadratisches Brett mit 30 cm Seitenlänge)

Trägerpfosten Lärchenstange, 10 cm dick, 2 m lang, mit Astgabel am oberen Ende

BAU DES VOGELFUTTERHÄUSCHENS

1 Zeichnen Sie die Umrisse für alle Teile aus Hartholz auf das Brett und schneiden Sie die Teile mit der Stichsäge aus.

2 Nageln Sie die Giebelwände im rechten Winkel (wichtig!) an die Seitenwände.

3 Nageln Sie die Leisten zur Wandbefestigung parallel so auf den Boden, dass sie genau zwischen die Seitenwände passen. Vorbohren nicht vergessen!

4 Legen Sie die zwei Dachplatten so auf die Giebelwände, dass die oberen Kanten sich genau am First treffen und gut aneinander anliegen. Nageln Sie sie so an, dass die Nägel mittig in die Giebelwände eindringen.

5 Schneiden Sie den Firststab auf 48 cm Länge und die restlichen Ruten in 31 cm lange Stücke, die der Länge nach mit dem Beil gespalten und als Verkleidung auf die Seitenwände genagelt werden. Der Firstschmuck wird aus Rutenstückchen geschnitzt.

6 Legen Sie den Firststab auf das Dach und nageln ihn mit den zwei Leichtbauplattenstiften fest, sodass die Stifte in die Spitzen der Giebelwände eindringen. Nageln Sie den Firstschmuck an die beiden Enden des Firststabes.

7 Nageln Sie die Unterbodenplatte direkt auf die Astgabel des Trägerpfostens, setzen Sie dann das Häuschen auf die Platte und schrauben Sie es an der Unterbodenplatte fest. Graben Sie an einem möglichst katzensicheren Standort ein Loch und setzen Sie den Trägerpfosten hinein.

VARIANTEN

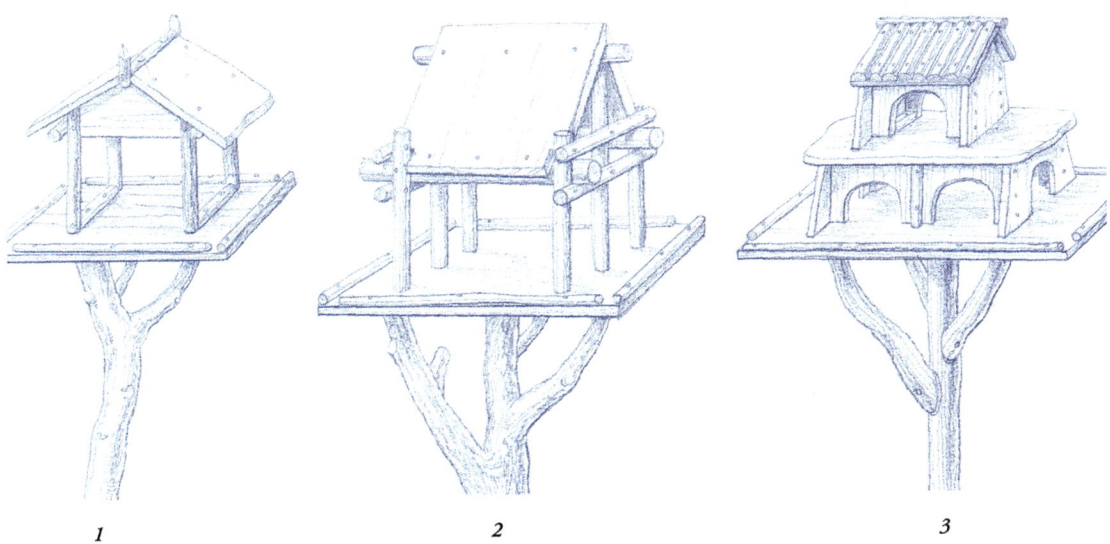

1 *2* *3*

(1) Dieses Vogelhäuschen mit vier Stäben ist sehr leicht zu reinigen. (2) Eine Stammeshütte in Neuguinea regte zu diesem Entwurf an.

(3) Zweistöckiges Häuschen mit Bögen, das auf einem geraden Pfosten steht, gestützt durch Streben.

GEFLOCHTENE BEETEINFASSUNG

Gekaufte Flechtwände und Dichtzäune haben sicher einiges für sich. Aber selbst hergestellte Beeteinfassungen aus Holz, an dem noch die Rinde sichtbar ist, wirken viel natürlicher als die industriegefertigten Produkte aus Latten und Lamellen und lassen sich genau den Formen des Gartens anpassen. Sie müssen lediglich die Pfähle soweit einschlagen, so dass sie fast zur Hälfte im Boden stecken, und die Zwischenräume dann mit Ruten ausflechten.

WAS SIE BRAUCHEN

Material für eine etwa 30 cm hohe und 5 m lange Beeteinfassung

- Mehrjähriges Buchenfrischholz: 3 Stangen, 2 m lang und 4 -5 cm dick (Pfähle)
- Buchenfrischholz: 16 Schösslinge, 2 m lang und 1 - 1,5 cm dick (Flechtwerk)
- Verzinkte Nägel: 1 Päckchen 3,1 mm x 70 mm

Werkzeuge
- Bleistift und Bandmaß
- Tragbare Werkbank bzw. Sägeböcke
- Fuchsschwanz mit grober Zahnung
- Hackklotz
- Beil
- Vorschlaghammer
- Hammer
- Astschere oder Gartenschere
- Fäustel

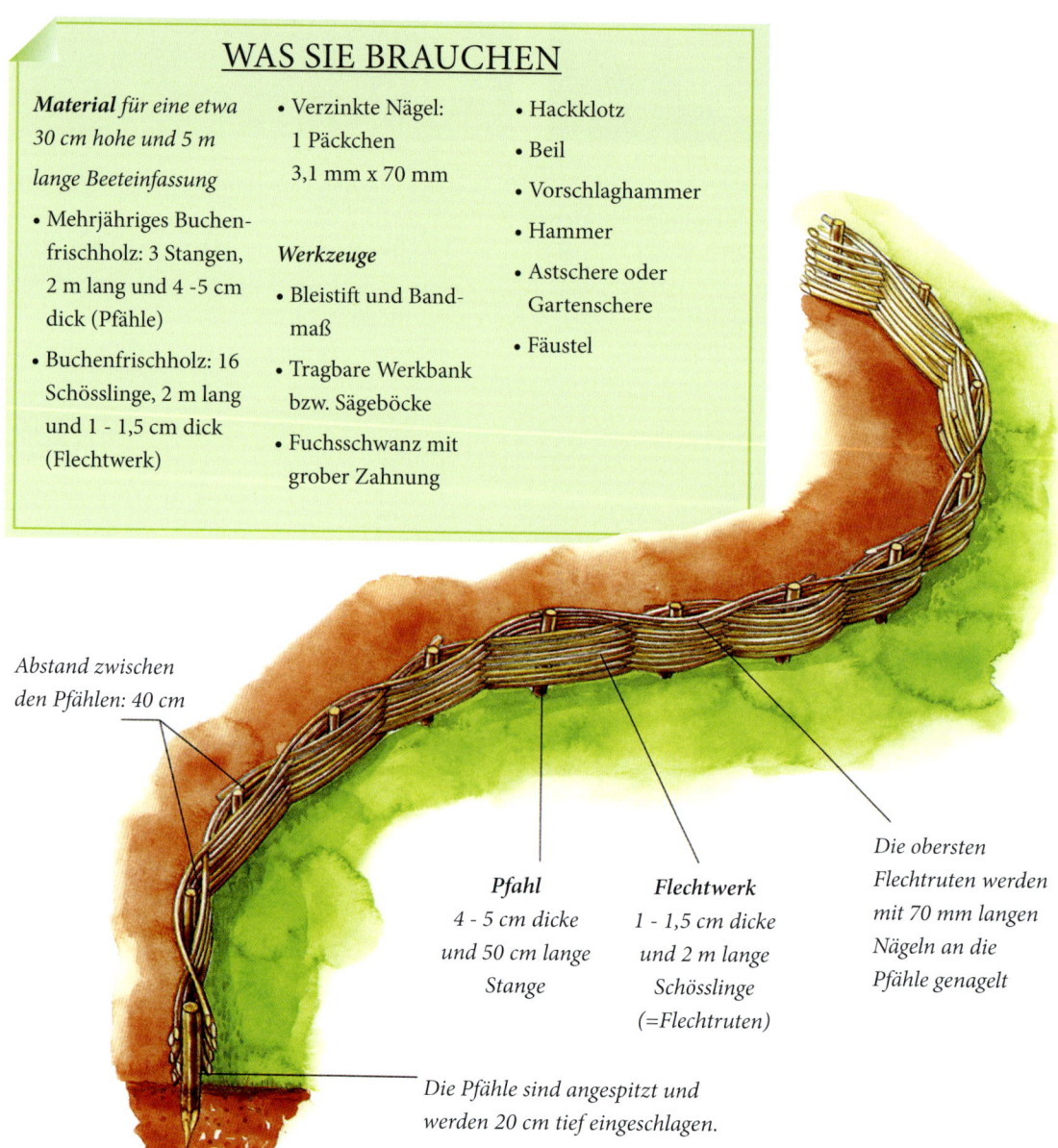

Abstand zwischen den Pfählen: 40 cm

Pfahl
4 - 5 cm dicke und 50 cm lange Stange

Flechtwerk
1 - 1,5 cm dicke und 2 m lange Schösslinge (=Flechtruten)

Die obersten Flechtruten werden mit 70 mm langen Nägeln an die Pfähle genagelt

Die Pfähle sind angespitzt und werden 20 cm tief eingeschlagen.

HERSTELLUNG DER GEFLOCHTENEN BEETEINFASSUNG

1 Sägen Sie die 2 m langen Stangen in Stücke zu je 50 cm Länge und spitzen Sie jeweils ein Ende zu. Zum Zuspitzen ist ein Hackklotz in bequemer Arbeitshöhe hilfreich, auf den eine Leiste genagelt ist, die den Pfählen Halt gibt.

2 Markieren Sie im Abstand von je 40 cm entlang der vorgesehenen Beeteinfassung die Punkte für die Pfähle, am einfachsten mit einem Markierstock von 40 cm Länge. Schlagen Sie mit dem Vorschlaghammer die Pfähle etwa 20 cm tief in den Boden, so dass sie ca. 30 cm herausragen.

3 Für das Flechtwerk nehmen Sie einen Schössling nach dem anderen und führen Sie diese abwechselnd vor und hinter den Pfählen vorbei. Das charakteristische Flechtmuster entsteht, indem Sie jeweils das dicke Ende einer Flechtrute an das dünne Ende der vorigen ansetzen.

4 Während des Flechtens immer wieder die Ruten festklopfen, damit sie gut anliegen und zusammenpassen. Wählen Sie die Schösslinge sorgfältig aus, damit die verschiedenen Biegungen des Holzes sich gut aneinander schmiegen.

5 Wenn Sie eine neue Flechtrute ansetzen, schneiden Sie das Ende der alten Rute hinter einem Pfahl ab, wie auch das Bild zeigt. Setzen Sie am besten die neuen Ruten so an, dass das dicke Ende das dünne überlappt. Nageln ist nicht nötig.

6 Zum Schluss, wenn Sie so viele Ruten wie möglich bis knapp an den oberen Rand der Pfähle verflochten haben, nageln Sie mit dem Hammer die obersten Ruten an die Pfähle, wie im Bild zu sehen ist. Halten Sie dabei den Fäustel dagegen.

VARIANTEN

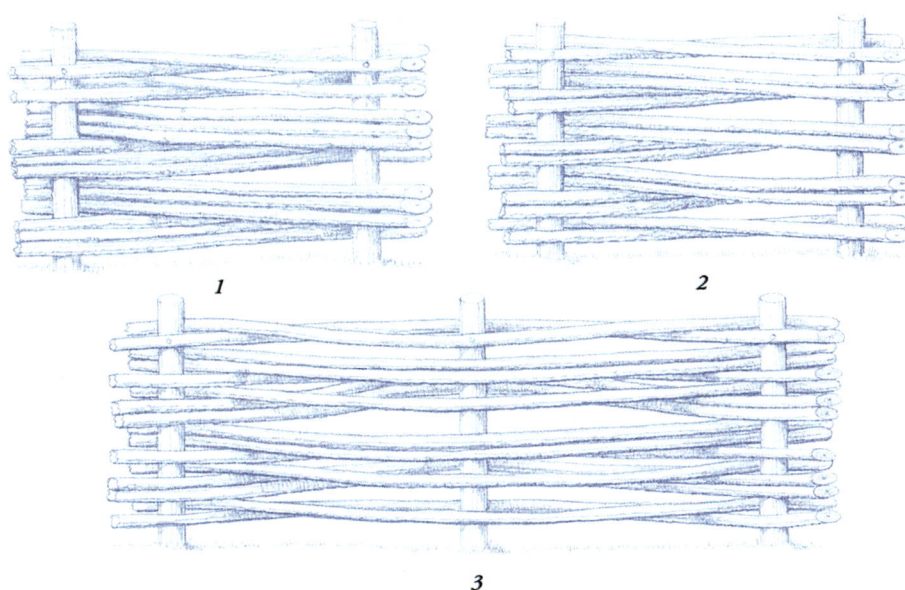

(1) Ein einfaches Muster, bei dem die Flechtruten in Dreiergruppen zusammengefasst werden. (2) Hier sind die Flechtruten in Zweiergruppen geführt. (3) Eine kompliziertere, unregelmäßiger wirkende Flechtart

KLASSISCHER KEGEL

Von all den geometrischen Motiven, die schon seit langem in Ziergärten verwendet werden, wie Obeliske, Würfel und Kugeln, ist der Kegel das beliebteste Motiv, vom Steinkegel, der auf einem Sockel steht, bis zur riesigen, kegelig geschnittenen Eibe. Der hier vorgestellte schmucke Kegel aus Frischholz – als Gestell für eine Kletterpflanze oder einfach als gestalterisches Element – ist schnell und leicht herzustellen.

WAS SIE BRAUCHEN

Material für einen etwa 2 m hohen Kegel mit 60 cm Durchmesser

- Weide: 12 Schösslinge, 2 m lang und 1 cm dick (Reifen)
- Buchenfrischholz: 16 Ruten, 2 m lang und 2,5 cm dick (senkrechte Stangen)
- Bindedraht: kleine Rolle, kunststoffummantelt, 2 mm stark
- 1 Rolle grobe Gartenschnur aus Naturfaser

Werkzeuge

- Bleistift und Bandmaß
- Kombizange
- Schere
- Astschere mit langen Griffen
- Gartenschere

Kleiner geflochtener Reifen aus Weidenschösslingen, 40 cm unterhalb der Spitze angebracht

Senkrechte Stangen 2 m lange Buchenruten

Mittlerer Reifen Durchmesser 38 cm, aus Weidenschösslingen, variable Höhe über dem Boden

Der große Reifen wird 30 cm über dem Boden angebracht.

Großer Reifen Durchmesser 59 cm, aus Weidenschösslingen

Die Stangenenden sind angespitzt.

BAU DES KLASSISCHEN KEGELS

1. Stellen Sie zuerst den großen geflochtenen Reifen her. Dazu biegen Sie den stärksten Weidenschössling behutsam über das Knie zu einem Kreis mit einem Durchmesser von etwa 59 cm zusammen, so dass sich die beiden Enden reichlich überlappen. Umwickeln Sie die Überlappung an drei Stellen mit Draht (jeweils an den beiden Enden und in der Mitte), und drehen Sie den Draht mit der Zange fest.

2. Nun werden einige der weicheren, biegsamen Weidenschösslinge um den Weidenkreis geflochten, bis ein großer, dicker Reifen entsteht, etwa wie ein Adventskranz. Binden Sie die Enden mit Draht fest, soweit nötig. Der mittlere Reifen mit 38 cm Durchmesser wird auf die gleiche Art hergestellt.

3. Legen Sie den großen Reifen auf den Rasen und stecken Sie die sechzehn 2 m langen Buchenstangen in gleichen Abständen um ihn herum in den Boden, wie auf dem Bild zu sehen ist.

4 Nun entfernen Sie den Reifen vom Boden und binden die Stangen etwa 40 cm unterhalb der Spitze mit Gartenschnur zusammen. Mit den restlichen Weidenschösslingen umflechten Sie die zusammengebundene Stelle, verdecken damit die Gartenschnur und erhalten den kleinen Reifen.

5 Den großen Reifen streifen Sie von oben über den Kegel und schieben ihn bis etwa 30 cm über den Boden. Alle Kreuzungspunkte zwischen Reifen und Stangen werden nun mit Gartenschnur fixiert, alle überstehenden Enden von Ruten und Schösslingen gestutzt.

VARIANTEN

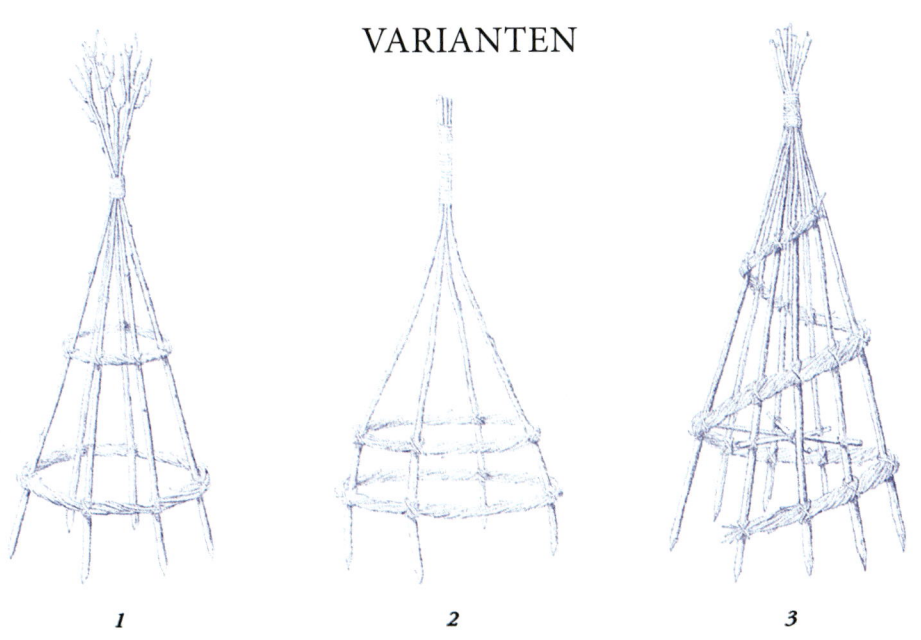

1 *2* *3*

(1) Natürlich aussehender Kegel mit ungestutzten Zweigen oben. (2) Zwiebelförmiger Kegel aus vier gebogenen Ruten. (3) Geflochtene Schösslinge umwinden den Kegel spiralförmig und geben ihm Halt.

RUSTIKALE GARTENTÜR

Dieser Entwurf ist der Gartentür vor unserem Haus auf dem Land nachempfunden. Das Original haben wir aus rohen, unbesäumten Brettern und Stangen hergestellt, auch die Beschläge sind aus Holz gefertigt. Zusammengehalten wird das Ganze mit ein paar Nägeln.

WAS SIE BRAUCHEN

Material für ein 1,20 m hohes und 68 cm breites Türchen.

- Älteres Buchenfrischholz: 4 Stangen, 2 m lang und 8 cm dick (Zaunpfähle)
- Buchenfrischholz: 10 Stangen, 3 m lang und 4 - 5 cm dick (Querriegel, Staketen für den Zaun, Türanschlag)
- Rohes Hartholz: 3 unbesäumte Bretter (mit schrägen Seitenkanten), 2 m lang, 20 - 25 cm breit, 20 - 25 mm dick (Bretter zum Zimmern der Tür)
- Buchenfrischholz: 2 Astgabeln, 30 cm lang und 3 - 4 cm dick (Türverschluss)
- Verzinkte Nägel: Päckchen 2,0 mm x 40 mm
- Stahlnägel: Päckchen 3,8 mm x 100 mm sowie Päckchen 4,2 mm x 120 mm
- 5 Unterlegscheiben passend für die 120 mm langen Stahlnägel
- Zwei Eimer gebrochene Steine (Backsteine, Schotter u.ä.)

Werkzeuge

- Bleistift und Bandmaß
- Tragbare Werkbank bzw. Sägeböcke
- Fuchsschwanz mit grober Zahnung und Stichsäge
- Beil
- Hackklotz
- Akku-Bohrmaschine
- Bohrer für die verschiedenen Nagelgrößen
- Hammer
- Großer Stechbeitel
- Holzhammer
- Spaten
- Vorschlaghammer

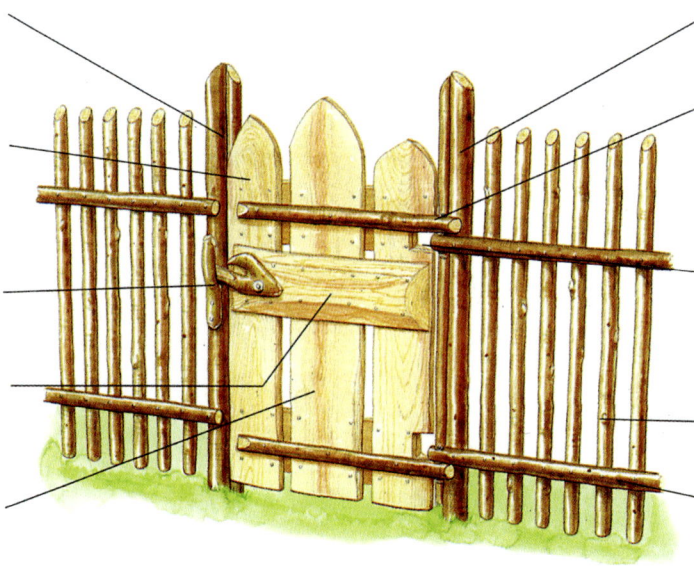

Türanschlag
Buchenstange, 4 - 5 cm dick, 1,30 m lang, an den Zaunpfahl genagelt

Senkrechtes Türbrett
20 - 25 mm dickes Hartholz, 20 - 25 cm breit, 1,15 m lang

Türverschluss und Halterung
Astgabeln aus Buche

Querbrett
20 - 25 mm dickes Hartholz, 20 - 25 cm breit, 68 cm lang

Langes Türbrett
1,20 m lang

Zaunpfahl
Buchenstange, 8 cm dick, 1,30 m lang

Türquerriegel
Buchenstange, 4 - 5 cm dick, 75 cm lang (vom Türbrett aus 10 cm nach rechts überstehend)

Kerbe im Türbrett
(zum ungehinderten Öffnen der Tür) 55 mm breit, 69 mm tief

Stakete
Buchenstange, 4 - 5 cm dick, 1,20 m lang

Zaunriegel
Buchenstange, 4 - 5 cm dick, 2 m lang

BAU DER RUSTIKALEN GARTENTÜR

1. Mit der Stichsäge schneiden Sie die drei senkrechten Türbretter zu, mit Spitzen an den oberen Enden. Legen Sie die Bretter so nebeneinander, dass die Gesamtbreite 70 cm beträgt.

2. Schneiden Sie die drei Querbretter auf 68 cm Länge. Schrägen Sie die oberen und unteren Enden der Bretter mit dem Beil ab, ebenso wie auch die Längskanten.

3. Nageln Sie die Querbretter mit 40-mm-Nägeln auf die senkrechten Bretter, zwei auf die eine Seite der Tür auf die Höhe der Türaufhängung, die dritte auf die andere Seite, wie im Bild gezeigt.

4. Sägen Sie zwei Aussparungen auf der Türangelseite aus, eine unter dem oberen Türquerriegel, die andere über dem unteren (siehe Werkzeichnung). Die Aussparungen ermöglichen ein ungehindertes Öffnen der Tür.

5. Schneiden Sie die 8 cm dicken Zaunpfähle auf die angegebene Länge. Stellen Sie das Türchen provisorisch im vorgesehenen Abstand zum Boden auf. Graben Sie Löcher für die Pfähle, stellen sie hinein und klopfen Sie die eingefüllten gebrochenen Steine ringsum mit dem Vorschlaghammer fest.

VARIANTEN

6 Befestigen Sie die Zaunriegel mit 100 mm-Nägeln an den Pfählen, auf der einen Seite mit 10 cm Überstand als Türangel. Die Staketen werden mit jeweils 5 cm Abstand voneinander und zum Boden hin angenagelt.

7 Legen Sie den Türquerriegel oben und unten auf den überstehenden Zaunriegel auf und bohren durch beide ein Loch mit 4,2 mm Durchmesser. Ein 120 mm langer Nagel mit dazwischen gelegter Unterlegscheibe dient als Türangel.

8 Nun werden Türverschluss und Halterung in passende Form geschnitten bzw. geschnitzt und an den Zaunpfahl bzw. drehbar mit Unterlegscheiben an das Querbrett genagelt. Ebenso werden Türanschläge an die Zaunpfähle genagelt.

1

2

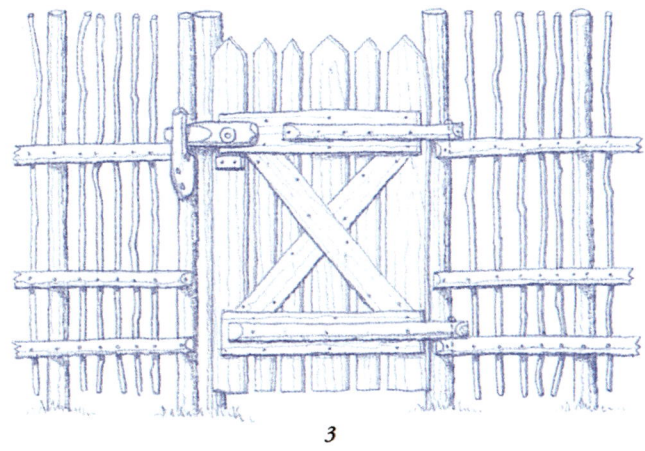

3

(1) Klassische Form mit abgerundeten Abschluss.
(2) Eine „herzige" Gartentür.
(3) Gartentür im Landhausstil mit oben zugespitzten Brettern und gekreuzten Streben.

OBELISK

Wenn Sie Freude an einjährigen Kletterpflanzen in ihrem Garten haben, dann finden Sie für dieses Gerüst bestimmt gute Verwendung. Der Obelisk ist wie geschaffen für blühende Wicken, Sie können aber auch Stangenbohnen daran hochwachsen lassen und ersparen sich dadurch eine Menge Bohnenstangen.

WAS SIE BRAUCHEN

Material für einen Obelisken, etwa 2,50 m hoch, Seitenlänge 83 cm

- Haselfrischholz: 12 Stangen, 3 m lang und 2,5 cm dick (senkrechte Stangen)
- Buchenfrischholz: 12 Ruten, 3 m lang und 1,5 cm dick, oder wahlweise 18 Ruten zu 2 m (Verbindungsstäbe)
- Bindedraht: kleine Rolle, kunststoffummantelt, Durchmesser 2 mm

Werkzeuge

- Bleistift und Bandmaß
- Gartenschere
- Kombizange

Die Stangen werden oben zusammengefasst und mit Draht umwickelt

Waagerechte Verbindungsstäbe 1,5 cm dicke Buchenruten in passender Länge

Senkrechte Stangen 2,5 cm dicke Haselstangen, 2,5 m lang

Waagerechte Verbindungsstäbe 1,5 cm dicke Buchenruten in passender Länge

Die waagerechten Stäbe werden zwischen den Stangen durchgeflochten.

Waagerechte Verbindungsstäbe aus 1,5 dicken Buchenruten

Die Kreuzungspunkte werden mit Draht verbunden.

BAU DES OBELISKEN

1 Kürzen Sie die zwölf senkrechten Stangen auf 2,5 m. Legen Sie zwei Stangen in umgedrehter V-Form auf den Rasen, so dass die Fußenden 83 cm auseinander liegen. Legen Sie je eine Buchenrute quer über die Stangen in 30, 60 und 150 cm Abstand vom Fußende. Markieren Sie die Stellen mit Stöckchen. Kürzen Sie die waagerechten Stäbe auf die passende Länge und verbinden Sie die Kreuzungspunkte mit Draht.

2 Fertigen Sie auf die gleiche Art einen zweiten Rahmen an und stellen Sie beide so gegeneinander, dass die Fußenden ein Quadrat von 83 cm Seitenlänge bilden und die waagerechten Stäbe an der Außenseite liegen. Schneiden Sie weitere Stäbe zu, mit denen Sie die zwei Rahmen seitlich verbinden, indem Sie sie fest mit Draht umwickeln.

3 Stellen Sie je zwei weitere Stangen von außen an jede Seite des Rahmens. Am Fußende sollten die benachbarten Stangen etwa 27 cm Abstand haben. Binden Sie die senkrechten Stangen an jedem Kreuzungspunkt fest an die waagerechten Stäbe.

4 Fügen Sie jedem waagerechten Stab zwei weitere Stäbe hinzu, die zwischen die Stangen geflochten und an allen Kreuzungspunkten mit Draht fest verbunden werden, so dass eine stabile Konstruktion entsteht.

5 Wenn Sie mit der Gestalt des „Obelisken" zufrieden sind, fassen Sie die zwölf senkrechten Stangen nahe der Spitze zusammen und umwickeln Sie sie fest mit Draht. Schneiden Sie schließlich alle überstehenden Enden ab.

VARIANTEN

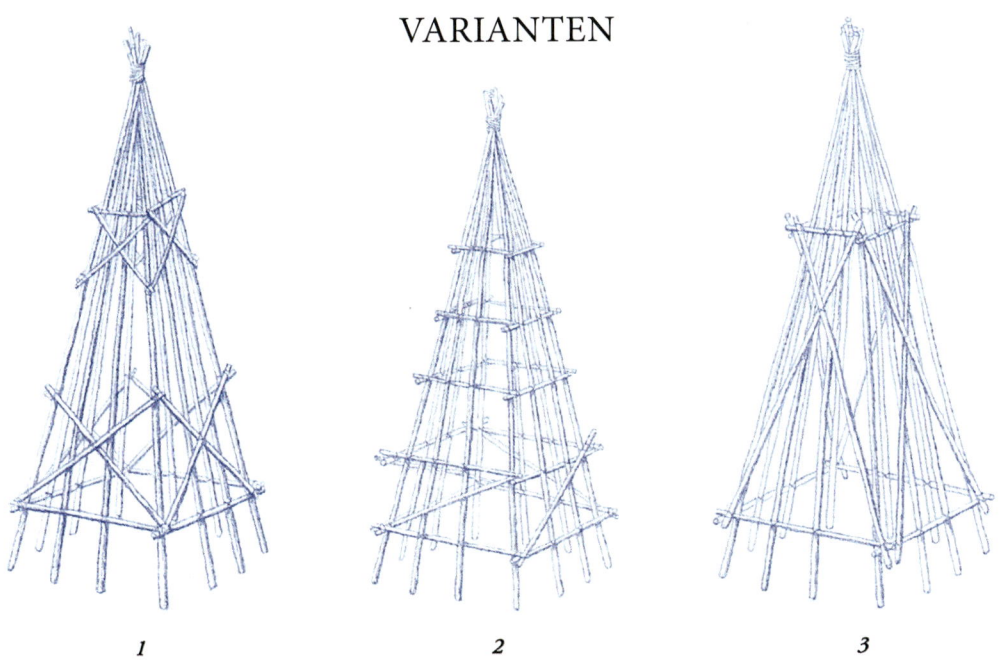

1 *2* *3*

(1) Obelisk mit gekreuzten Streben an der Außenseite. (2) Variante mit vier schrägen Streben unten und waagerechten Streben darüber. (3) Hier verleihen die langen Streben der Struktur eine gute Windfestigkeit.

PFLANZKASTEN IN BLOCKBAUWEISE

Dieser große, auffallende Pflanzkasten ist im Blockbaustil gebaut. Die Seitenwände bestehen aus waagerechten Stangen, die an Eckpfosten genagelt sind. Wenn sie gerne mit stärkeren Rundhölzern arbeiten, und wenn Sie einen robusten Behälter für einen großen Strauch oder kleinen Baum suchen, dann ist dieses Projekt das Richtige.

WAS SIE BRAUCHEN

Material für einen etwa 78 cm hohen Pflanzkasten mit 70 cm Seitenlänge:

- Entrindete Lärchenstangen: 24 Stangen, 2 m lang und 6 cm dick (für die Seitenwände und den Boden)
- Entrindete Lärchenstangen: 2 Stangen, 2 m lang und 7,7 cm dick (Eckpfosten)
- Buchenfrischholz: 4 Ruten, 2 m lang und 2 cm dick (Verzierung)
- Verzinkte Nägel: Kleines Päckchen 2,0 mm x 40 mm
- Stahlnägel: 2 kg à 4,2 mm x 120 mm

Werkzeuge

- Bleistift, Filzstift und Bandmaß
- Fuchsschwanz
- Quadratische Sperrholzplatte, ca. 1,5 m Seitenlänge
- Abdeckband
- Elektr. Bohrmaschine mit passenden Bohrern
- Sehr kräftige Schnur oder dünner Strick: etwa 4 m
- Hammer und Kneifzange
- Astschere mit langen Griffen

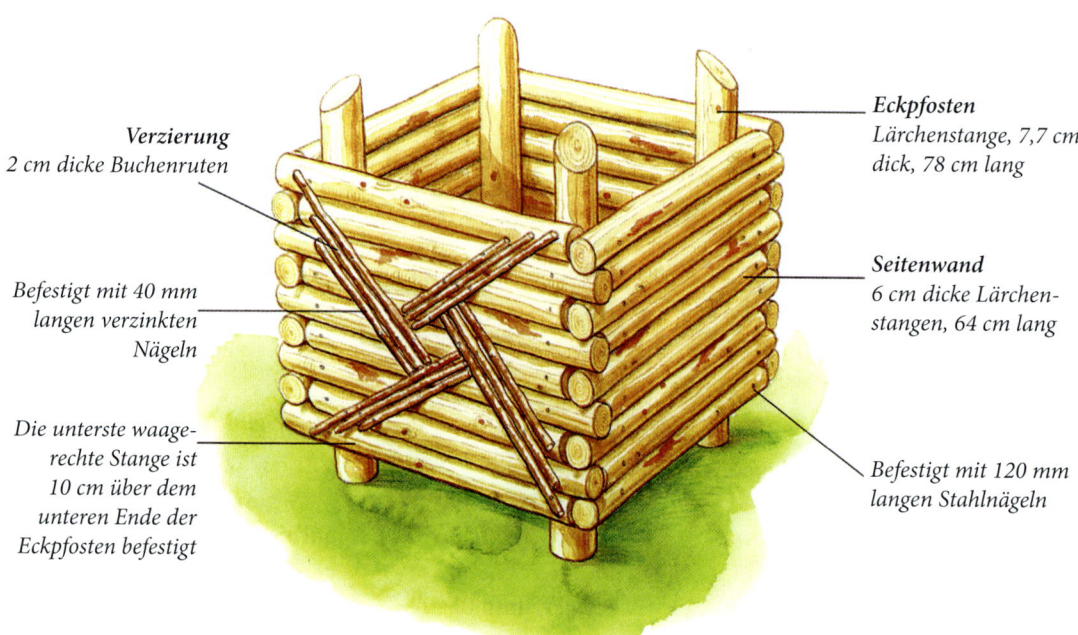

Verzierung
2 cm dicke Buchenruten

Befestigt mit 40 mm langen verzinkten Nägeln

Die unterste waagerechte Stange ist 10 cm über dem unteren Ende der Eckpfosten befestigt

Eckpfosten
Lärchenstange, 7,7 cm dick, 78 cm lang

Seitenwand
6 cm dicke Lärchenstangen, 64 cm lang

Befestigt mit 120 mm langen Stahlnägeln

44 BAUEN MIT FRISCHHOLZ

BAU DES PFLANZKASTENS

1 Schneiden Sie aus den 6 cm dicken Lärchenstangen 36 gleiche Stücke à 64 cm zu und bohren Sie mit Hilfe einer einfachen Halterung (siehe Bild) die Stangen jeweils 38 mm vom einen Ende und 98 mm vom anderen Ende vor, passend für die 120 mm langen Nägeln.

2 Schneiden Sie 4 Eckpfosten zu und markieren Sie die Position des unteren Abschlusses der Seitenwand 10 cm über dem Boden. Mit einen 42,7 cm langen Abstandshalter, der oben zwischen 2 Pfosten geklemmt und mit Schnur fixiert wird, werden nun 9 vorgebohrte Stangen mit 120 mm-Nägeln auf die Pfosten genagelt. Dies ergibt die erste Seitenwand.

3 Fertigen Sie eine zweite Seitenwand. Verbinden Sie die beiden Seitenwände mit Schnur und Abstandshalter, wie beschrieben, nageln Sie dann alle übrigen vorgebohrten Stangen mit 120-mm-Nägeln an die Eckpfosten, so dass ein Kasten ohne Boden entsteht.

4 Schneiden Sie die übrigen Lärchenstangen in elf 58,1 cm lange Stangen, für den Boden. Legen Sie den Pflanzkasten auf die Seite und nageln Sie zwei der Bodenstangen einander gegenüber von Pfosten zu Pfosten. Sie tragen später den Boden. Deshalb sollten diese Nägel besonders fest sitzen.

5 Nach dem Aufstellen des Kastens nageln Sie die übrigen 9 Bodenstangen mit 120 mm-Nägeln auf die Trägerstangen. (2 Bodenstangen auf 42,7 cm kürzen, damit sie zwischen die Eckpfosten passen.)

6 Sägen Sie die vier Eckpfosten oben schräg nach außen ab, wenn Sie möchten, und entfernen Sie von den Stangenenden alles Überstehende mit der Astschere.

7 Legen Sie den Pflanzkasten mit der schönsten Seite nach oben und nageln Sie Buchenruten mit 40 mm langen Nägeln zur Verzierung auf.

VARIANTEN

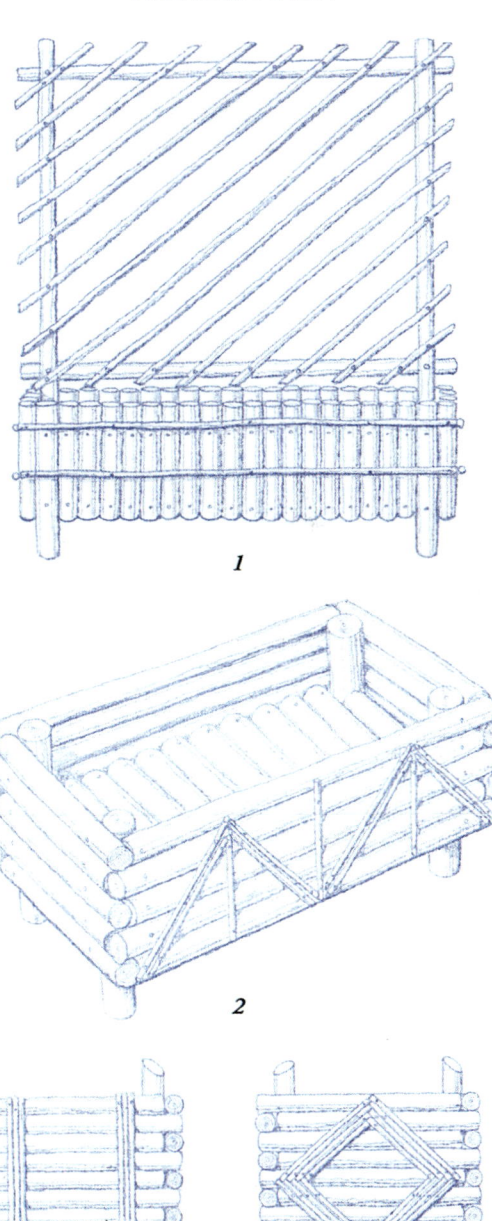

(1) Pflanzkasten mit Rankgitter für Kletterpflanzen (die hinteren Eckpfosten sind verlängert und bilden den Rahmen für das Rankgitter). (2) Niedriger Pflanzkasten für kleine Pflanzen. (3) Pflanzkasten mit senkrechtem Rutenschmuck oder mit Rautenmotiv (4).

RUSTIKALE GARTENBANK

Was gibt es Angenehmeres, als sich auf einer Bank auszuruhen, die man selbst gebaut hat? Diese Bank aus Frischholz ist leicht herzustellen, bequem zum Verweilen und originell anzusehen.

WAS SIE BRAUCHEN

Material für einen 2 m breiten Dreisitzer:

- Mehrjähriges Buchenfrischholz: Zehn 2 m lange und 4 - 5 cm dicke Stangen (Beine, lange Riegel und langer Diagonalriegel, kurze Streben, seitliche Diagonalstreben, Stützen für die Armlehnen)
- Mehrjähriges Buchenfrischholz: 1 gebogene Stange, 2 m lang, 5 - 6 cm dick (oberer Riegel für die Rückenlehne)
- Mehrjähriges Buchenfrischholz: 2 gut zusammenpassende 1 m lange gebogene Stangen, deren Dicke von 6 cm auf 5 cm abnimmt (Armlehnen)
- Einige Astgabeln aus Hasel oder Buche (vordere Verzierung)
- Haselfrischholz: 50 gerade Ruten, 2 m lang und 2,5 - 3 cm dick (Sitz, Rückenlehne und vorderer Sitzabschluss)
- Stahlnägel: 1 kg 5,5 mm x 150 mm
- Verzinkte Leichtbauplattenstifte mit Rundkopf: 1 Päckchen, 60 mm lang, teilweise auch Dachpappstifte 35 mm möglich
- Verzinkte Nägel: Päckchen 3,8 mm x 100 mm

Werkzeuge

- Bleistift und Bandmaß
- Tragbare Werkbank bzw. Sägeböcke
- Fuchsschwanz mit grober Zahnung
- Beil
- Hackklotz
- Akku-Bohrmaschine
- Bohrer für die verschiedenen Nagelgrößen
- Hammer und Kneifzange
- Fäustel
- Astschere mit langen Griffen

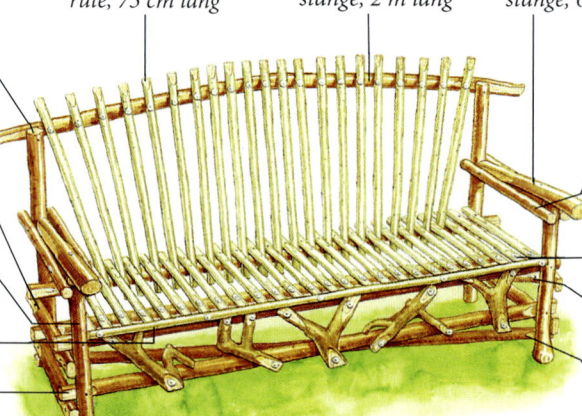

Hinteres Bein
4 - 5 cm dicke Buchenstange, 84 cm lang

Rückenlehne
2,5 - 3 cm dicke Haselrute, 75 cm lang

Oberer Riegel
5 - 6 cm dicke Buchenstange, 2 m lang

Armlehne
5 - 6 cm dicke Buchenstange, 65 cm lang

Kurze Strebe
4 - 5 cm dicke Buchenstange, 54 cm lang

Vorderbein
4 - 5 cm dicke Buchenstange, 56 cm lang

Vorderer Sitzabschluss
2,5 - 3 cm dicke Haselrute in passender Länge

Langer Riegel
4 - 5 cm dicke Buchenstange, 1,70 m lang

Stütze für die Armlehne
4 - 5 cm dicke Buchenstange, 59 cm lang, mit Abstandshalter zwischen den Stützen

Sitzfläche
2,5 - 3 cm dicke Haselrute, 50 cm lang

Seitliche Diagonalstrebe
4 - 5 cm dicke Buchenstange in passender Länge

Langer Diagonalriegel
4 - 5 cm dicker Buchenstange in passender Länge

BAU DER GARTENBANK

1. Sägen Sie die Buchenstangen für die 4 Beine wie angegeben zu, ebenso die 4 kurzen Streben auf 54 cm Länge, wobei die Enden etwas abgeflacht werden. Nageln Sie die vorgebohrten Teile zusammen (Abstand zwischen den Streben etwa 20 cm) und schlagen Sie die Nagelenden auf der Rückseite um.

2. Legen Sie die beiden Bankseitenteile wie im Foto Rücken an Rücken und nageln Sie die 2 seitlichen Diagonalstreben mit 100 mm-Nägeln zur Stabilisierung auf. Auf dem Foto sind die umgeschlagenen Nagelenden von Schritt 1 zu erkennen.

3. Verbinden Sie die Seitenteile mit den 4 an den Enden abgeflachten Riegeln miteinander (vorbohren, Nägel umschlagen). Befestigen Sie den oberen Riegel für die Rückenlehne mit 150 mm langen Nägel.

4. Armstützen: Klemmen Sie abgeflachte Abstandshalter zwischen die beiden seitlichen Stützen und verbinden Sie alles mit 150 mm Nägeln. Die Armlehne wird mit 100 mm-Nägeln befestigt.

5. Schneiden Sie mit der Astschere 26 Ruten von 50 cm Länge für die Sitzfläche, ebenso für die Rückenlehne 21 jeweils 75 cm lange Ruten. Flachen Sie mit Hilfe von Beil und Hackklotz alle Enden ab.

6 Sitzfläche: Nageln Sie rechts und links außen je eine Rute für den Sitz mit 100 mm-Nägeln auf den Rahmen und befestigen Sie daran die Rute für den vorderen Sitzabschluss mit Leichtbauplattenstiften (unbedingt vorbohren). Mit einer Sitzrute als provisorischem Abstandhalter nageln Sie nacheinander alle Sitzruten mit Leichtbauplattenstiften (evtl. auch mit Dachpappstiften) so auf den Rahmen, dass die vorderen Enden an den Sitzabschluss stoßen. Die schönere Seite sollte obenauf liegen, scharfkantige Aststellen sind zu glätten.

VARIANTEN

7 Rückenlehne: Beginnen Sie mit den 3 mittleren Ruten. Nageln Sie alle Ruten mit Leichtbauplattenstiften an, so dass ein Fächer entsteht.

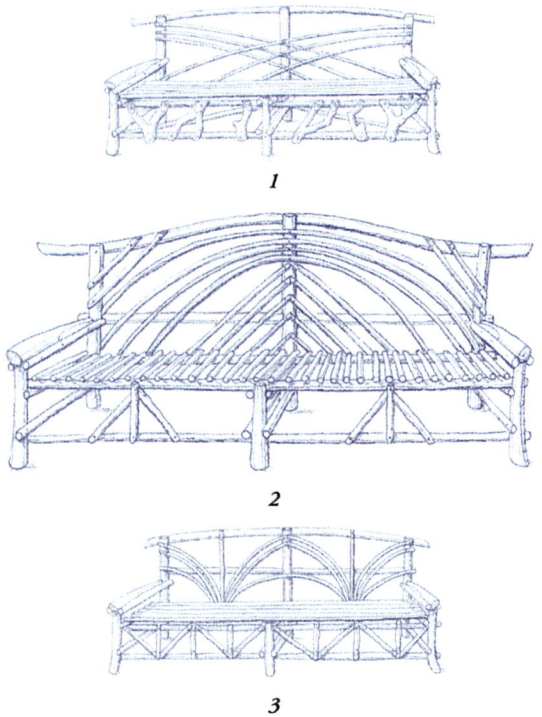

8 Vordere Verzierung: Abgeflachte Astgabeln werden an die vorderen langen Riegel genagelt und dann ein langer Diagonalriegel zur Queraussteifung mit 150 mm-Nägeln kurz über dem Boden an den Beinen befestigt.

(1) Viktorianischer Dreisitzer mit Verstärkung in der Mitte. (2) Bank für einen Garten im orientalischen Stil. (3) Entwurf mit gotischen Spitzbögen in der Rückenlehne.

ARKADE AUS LEBENDER WEIDE

Die Arkade aus lebender Weide entsteht auf geradezu magische Weise. Dieses leichte Projekt beginnt mit einer eher dürftigen Konstruktion aus Pfählen und Ruten, die sich mit der Zeit zu einer schönen lebenden Hecke entwickelt. Wir bauten die Grundkonstruktion am Ende des Winters, steckten die Weidenstecklinge im zeitigen Frühjahr in den Boden, und mussten dann nur noch warten und zuschauen.

WAS SIE BRAUCHEN

Material für einen etwa 2,15 m hohen und 90 cm breiten Bogen, plus 2 m Zaun auf jeder Seite.

- Entrindete und zugespitzte Lärchenstangen: 8 Stück, 2 m lang und 6 - 7 cm dick (Pfähle)
- Buchenfrischholz: vier 4 m lange und 1,5 - 2 cm dicke Ruten (Bogen)
- Buchenfrischholz: acht 3 m lange und 1,5 - 2 cm dicke Ruten (geflochtene waagerechte Zaunriegel)
- Weide: 36 Stecklinge, etwa 18 cm lang
- Verzinkte Nägel: kleines Päckchen 3,1 mm x 70 mm
- Kunststoffummantelter Bindedraht, kleine Rolle, 2 mm dick

Werkzeuge

- Bleistift und Bandmaß
- Vorschlaghammer
- Spitz- bzw. Kombizange
- Stehleiter
- Hammer und Zange)
- Astschere bzw. Gartenschere

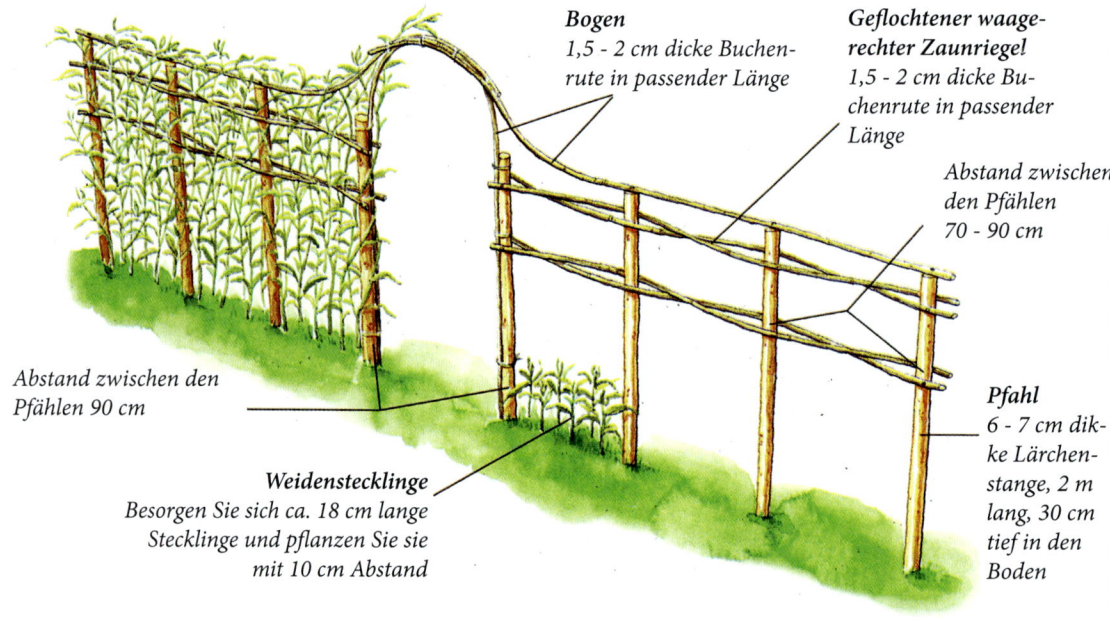

Bogen
1,5 - 2 cm dicke Buchenrute in passender Länge

Geflochtener waagerechter Zaunriegel
1,5 - 2 cm dicke Buchenrute in passender Länge

Abstand zwischen den Pfählen
70 - 90 cm

Abstand zwischen den Pfählen 90 cm

Weidenstecklinge
Besorgen Sie sich ca. 18 cm lange Stecklinge und pflanzen Sie sie mit 10 cm Abstand

Pfahl
6 - 7 cm dicke Lärchenstange, 2 m lang, 30 cm tief in den Boden

BAU DER ARKADE

1 Legen Sie die Position der acht Pfähle fest. Der Bogendurchgang sollte 90 cm breit sein, während die übrigen Pfähle zwischen 70 cm und 90 cm Abstand haben können. Schlagen Sie mit dem Vorschlaghammer die Lärchenpfähle 30 cm tief ein, so dass die oberen Enden gleich hoch sind (nach Augenmaß).

2 Für den Bogen halten Sie zunächst zwei der 4 m-Ruten an die Innenseite der mittleren Pfähle, mit der Spitze nach oben, und binden Sie sie dort mit Draht fest. Biegen Sie sie wiederholt, bis sie weich und geschmeidig sind, und formen Sie mit ihnen einen Bogen. Verbinden Sie sie im überlappenden Teil an mindestens drei Stellen mit Draht.

3 Nageln Sie die anderen beiden 4 m-Ruten von oben auf die drei äußeren Pfähle beiderseits des Bogens. Beginnen Sie von außen mit dem dicken Ende. Lassen Sie die dünnen Enden in einer leichten Kurve über den Bogen laufen und befestigen Sie diesen Teil mit Draht.

4 Verbinden Sie die Pfähle beiderseits des Bogens miteinander, indem Sie die acht 3 m langen Buchenruten so miteinander flechten, dass zwei waagerechte Riegel entstehen. Nageln Sie die Ruten fest und stutzen Sie die rechts und links überstehenden Enden mit der Astschere.

5 Schneiden Sie das untere Ende jedes Weidenstecklings an, damit er besser anwächst, und stecken Sie sie in Abständen von 10 cm in den Boden. Wenn die Stecklinge austreiben, verflechten Sie die neuen Triebe miteinander und mit dem Grundgerüst des Bogens und des Zaunes.

VARIANTEN

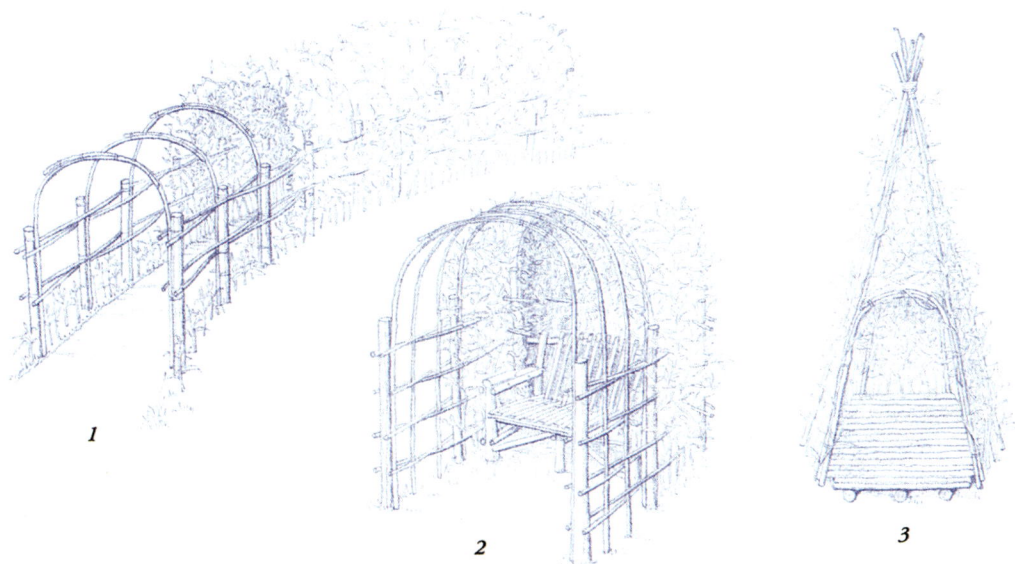

1

2

3

(1) Mit einer Serie von Bögen können Sie entweder einen eindrucksvollen Tunnel oder eine gebogene Pergola bauen. (2) Heimelige Laube aus Bögen (mit Bank aus Frischholz) (3) Wigwam aus lebender Weide für Kinder.

ARKADE AUS LEBENDER WEIDE

SICHTSCHUTZ MIT HERZ

Dieser Sichtschutz ist zweckmäßig und dekorativ. Die untere Hälfte ist dicht genug, um Haustiere und Kinder zurückzuhalten, und die obere Hälfte ausreichend hoch, um Schatten zu spenden, eine Privatsphäre zu schaffen und Kletterpflanzen hochranken zu lassen. Man kann aber auch mehrere Rahmen bauen und sie als Zaun aneinander reihen.

WAS SIE BRAUCHEN

Material für einen ca. 1,88 m hohen und 1,36 m breiten Sichtschutz

- Lärchenstangen: 6 entrindete Stangen, 2 m lang und 6 cm dick (Rahmen)
- Buchenfrischholz: 80 Ruten, 2 m lang und 1 - 2 cm dick (geflochtenes Unterteil, Herz- oder Karo-Gitter)
- Verzinkte Nägel: 1 kg, 3,1 mm x 70 mm
- Stahlnägel: 10 Stück 4,2 mm x 120 mm
- Bindedraht: kleine Rolle, kunststoffummantelt, 2 mm dick,

Werkzeuge

- Bleistift und Bandmaß
- Zwei tragbare Werkbänke bzw. Sägeböcke
- Fuchsschwanz mit grober Zahnung
- Holzhammer
- Stechbeitel mit 40 - 50 mm breiter Schneide
- Hammer
- Spitzzange oder Kombizange
- Astschere oder Gartenschere

Herz
Buchenruten, 1 - 2 cm dick, in passender Länge

Pfahl
Lärchenstange, 6 cm dick, 1,88 m lang

Karo-Gitter
Buchenruten, 1 - 2 cm dick, in passender Länge

Geflochtenes Unterteil
Buchenruten, 1 - 2 cm dick, in passender Länge

Querstange
Lärchenstange, 6 cm dick, 1,36 m lang

BAU DES SICHTSCHUTZES

1 Sägen Sie die 6 Lärchenstangen für den Rahmen auf die richtige Länge: drei 1,88 m lange Pfähle und drei 1,36 m lange Querstangen. Für die Überblattungen messen Sie von sämtlichen Stangenenden aus 16 cm nach innen und sägen Sie die Stangen bis zur Hälfte der Dicke ein. Sägen Sie jeweils schräg auf das Stangenende zu.

2 Spalten Sie die halb eingesägten Stangen vom Stangenende aus mit Holzhammer und Stechbeitel bis zum Schnitt, so dass das Reststück abfällt. Für die Überblattungen in der Stangenmitte machen Sie zwei schräge Einschnitte und arbeiten Sie die Aussparung mit dem Stechbeitel heraus (den Stechbeitel im stumpfen Winkel halten).

3 Legen Sie die drei langen Pfähle parallel ins Gras, mit den ausgestemmten Flächen nach oben, und die Querstangen so darüber, dass die Überblattungen aufeinander liegen. Jede Verbindungsstelle fixieren Sie mit einem 120 mm-Nagel, wobei die Nagelenden auf der Rückseite so umgeschlagen werden, dass die Spitzen wieder ins Holz eindringen.

4 Flechtwerk: Flechten Sie etwa 50 der dicksten Buchenruten abwechselnd durch die Pfähle. Stellen Sie die Ruten so zusammen, dass benachbarte Ruten eng aneinander liegen. Mit dem Holzhammer klopfen Sie das Flechtwerk dicht und die Rutenenden seitlich zu einer geraden Linie. Nageln Sie die Enden mit 70 mm-Nägeln an die Pfähle.

5 Für das Karo-Gitter nageln Sie Buchenruten mit 70 mm-Nägeln diagonal über die obere Hälfte des Rahmens. Drehen Sie den Rahmen um, so dass das Gitter unten liegt. Binden Sie mehrmals je drei der dünneren Buchenruten mit Draht zusammen, biegen sie vorsichtig in Herzform und befestigen Sie sie mit Draht fest am Rahmen.

6 Nageln Sie einen zweiten Satz Ruten mit 70 mm-Nägeln so auf den Rahmen, dass sie sich mit den Ruten auf der anderen Seite überkreuzen und so das Herz eingeschlossen wird. Schneiden Sie die Rutenenden mit der Ast- bzw. Gartenschere sauber ab. Stellen Sie den Sichtschutz auf und drücken bzw. klopfen Sie die Pfähle in den Boden.

VARIANTEN

1 *2* *3*

(1) Sichtschutz mit Karos im oberen Teil. (2) Ein Entwurf ohne Flechtwerk – das Muster wird durch angenagelte Ruten geschaffen. (3) Klassischer Sichtschutz mit Rundbogenmotiv.

RUSTIKALE PERGOLA

Eine Pergola setzt einen deutlichen Akzent im Garten und ist je nach Größe und Stabilität vielseitig einsetzbar, sei es als Gerüst für Ihre Weinreben, als Mittelpunkt Ihres Rosengartens, als heimeliger Pavillon über Ihrem Sitzplatz, oder was Ihnen sonst noch einfällt.

WAS SIE BRAUCHEN

Material für eine Pergola, 2,10 m hoch, 2 m breit, 3,70 m lang:

- 6 kurze Stöcke (Pflöcke zum Abstecken des Bauplatzes)
- 6 Lärchenstangen, 3 m lang und 10 cm dick (Pfosten)
- 8 Lärchenstangen, 2 m lang und 10 cm dick (Tragbalken, obere und untere Geländerstangen)
- 7 Lärchenstangen, 2 m lang und 8 cm dick (Sparren)
- Mehrjähriges Buchenfrischholz: drei 3 m lange und 5 cm dicke Stangen (Schrägstreben)
- Haselfrischholz: elf 3 m lange und 2 - 2,5 cm dicke Ruten (Balustrade)
- Stahlnägel: 1 kg 5,5 mm x 150 mm, 1 kg Päckchen 3,8 mm x 100 mm
- Schotter oder Bauschutt (Backsteine etc.): 6 Eimer voll
- Vorläufige Stützen: zwei ca. 2 m lange Stangen (zum Aufrichten der Pfosten)

Werkzeuge

- Bleistift und Bandmaß
- 1 Rolle Schnur
- Fäustel
- Spaten
- Vorschlaghammer
- Stehleiter
- Messlatte bzw. gerades Brett, 2 m lang
- Fuchsschwanz mit grober Zahnung
- Wasserwaage
- Zwei tragbare Werkbänke bzw. Sägeböcke
- Beil
- Akku-Bohrmaschine
- Passende Bohrer für die angegebenen Nagelgrößen
- Hammer und Zange
- Ast- oder Gartenschere

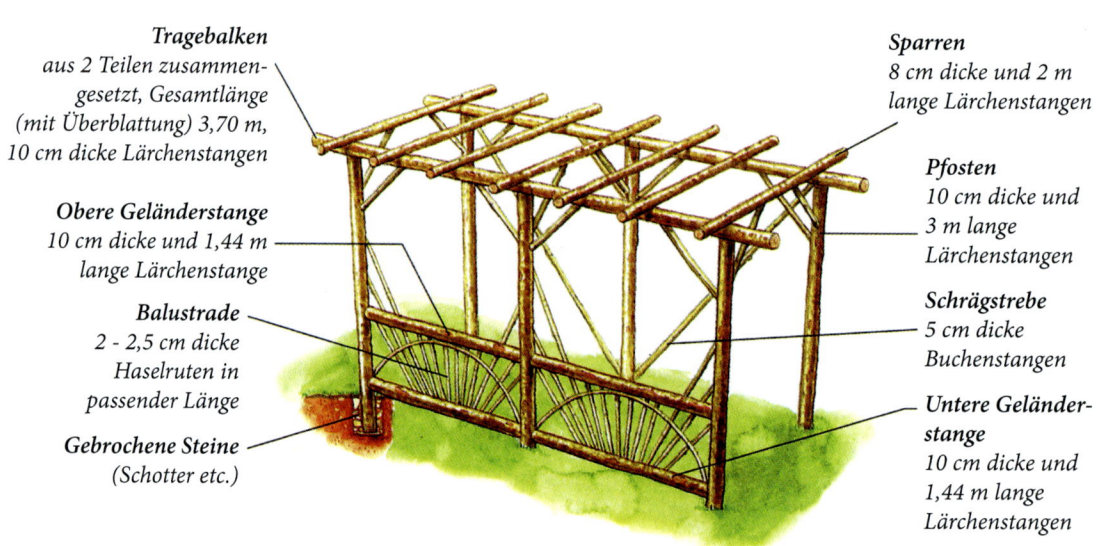

Tragebalken aus 2 Teilen zusammengesetzt, Gesamtlänge (mit Überblattung) 3,70 m, 10 cm dicke Lärchenstangen

Obere Geländerstange 10 cm dicke und 1,44 m lange Lärchenstange

Balustrade 2 - 2,5 cm dicke Haselruten in passender Länge

Gebrochene Steine (Schotter etc.)

Sparren 8 cm dicke und 2 m lange Lärchenstangen

Pfosten 10 cm dicke und 3 m lange Lärchenstangen

Schrägstrebe 5 cm dicke Buchenstangen

Untere Geländerstange 10 cm dicke und 1,44 m lange Lärchenstangen

BAU DER RUSTIKALEN PERGOLA

1 Legen Sie mit Bandmaß, Schnur, Fäustel und Pflöcken die Position der sechs Pfosten fest. Die Pfosten in der vorderen und hinteren Reihe haben jeweils 1,50 m Abstand voneinander, der Abstand zwischen den beiden Reihen beträgt 1,30 m. Die beiden Diagonalen müssen die gleiche Länge haben.

3 Markieren Sie auf einem Pfosten einen Punkt 2 m über dem Boden und sägen Sie dort den Pfosten ab. Schneiden Sie dann alle übrigen Pfosten auf gleicher Höhe ab.

4 Schneiden Sie die 1,90 m langen Tragbalkens jeweils an einem Ende 10 cm vom Balkenende halb ein und arbeiten Sie die Aussparung (für die Überblattung) mit dem Beil heraus.

2 Graben Sie für jeden Pfosten ein 30 cm tiefes Loch. Füllen Sie 10 cm Schotter ein, stellen Sie den Pfosten hinein und fixieren Sie ihn mit den zwei vorläufigen Stützen. Füllen Sie weiteren Schotter in das Loch und klopfen ihn mit Fäustel und Vorschlaghammer fest. Ebenso bei den anderen 5 Pfosten.

5 Legen Sie die Tragebalken so über die Pfosten, dass die Überblattung über dem mittleren Pfosten aufliegt. Schlagen Sie jeweils 150 mm-Nägel ein, bohren Sie die Löcher aber vor.

6 Nageln Sie, in der Mitte beginnend, die Sparren parallel und im rechten Winkel zu den Tragebalken mit 150 mm-Nägeln auf.

7 Sägen Sie jeweils 10 cm und 80 cm über dem Boden Kerben für die Geländerstangen in die Pfosten und nageln Sie diese mit 150 mm-Nägel fest.

8 Schrägstreben: Nageln Sie die 60 cm langen Streben zwischen Pfosten, Tragbalken und Sparren mit 100 mm Nägeln an, ebenso die Diagonalstreben an den 3 hinteren Pfosten.

9 Zierausfachung unten: 11 Haselruten werden, wie auf dem Bild zu sehen, mit 100 mm-Nägeln festgenagelt. Schneiden Sie zuletzt mit Astschere und Säge alle überstehenden Enden sauber ab.

VARIANTEN

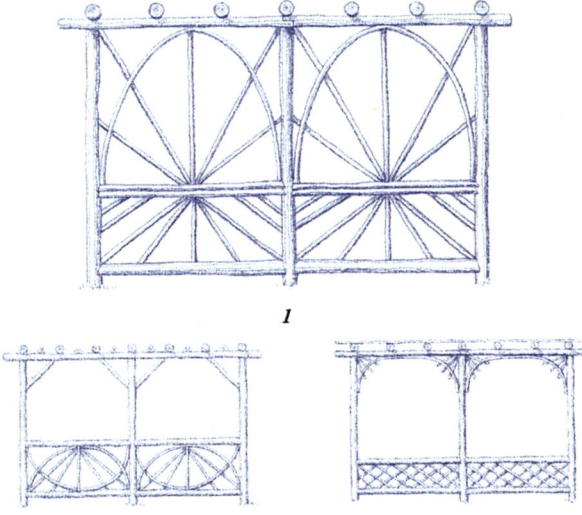

(1) Klassisches Bogenmuster mit Sonnenstrahlenmotiv.
(2) Entwurf mit gekreuzten Bögen in der Balustrade.
(3) Pergola mit Rautenmuster.

RUSTIKALER GARTENSESSEL

Die Form dieses schön geschwungenen Sessels ist den großzügigen Clubsesseln nachempfunden, die in den fünfziger Jahren bei uns zu Hause in der Diele standen. Der Gartensessel ist erstaunlich leicht zu bauen. Sie brauchen nur das quadratische Grundgerüst zu erstellen und dann aus Schösslingen die Rücken- und Armlehne zu formen.

WAS SIE BRAUCHEN

Material für einen Sessel, der ca. 84,5 cm hoch, 70 cm breit und 86,5 cm tief ist:

- Mehrjähriges Buchenfrischholz: sechs 3 m lange und 4 - 5 cm dicke Stangen (Beine, Außenstreben und Diagonalstreben)
- Buchenfrischholz: eine 3 m lange und 1,5 - 2 cm dicke Rute, bzw. mehrere kürzere Stücke (kurze Schrägstreben)
- Buchenfrischholz: zehn 2 m lange und 2,5 - 3 cm dicke Ruten (Sitzfläche, Rückenstäbe und Sitzabschluss)
- Buchenfrischholz: fünfzehn 3 m lange und 1 - 1,5 cm dicke Schösslinge (Arm- und Rückenlehne und seitl. Schmuckelement)
- Verzinkte Leichtbauplattenstifte: Päckchen 60 mm
- Verzinkte Nägel: kleines Päckchen 3,8 x 100 mm, 1 Päckchen 3,1 mm x 70 mm, 1 Päckchen 2,0 mm x 40 mm

Werkzeuge
- Bleistift, Bandmaß und Winkelmaß
- Tragbare Werkbank oder Sägeböcke
- Fuchsschwanz mit grober Zahnung
- Beil
- Hackklotz
- Quadratische Arbeitsplatte aus Sperrholz, Seitenlänge ca. 1,50 m
- Akku-Bohrmaschine
- Bohrer für die verschiedenen Nagelgrößen
- Hammer und Zange
- Astschere mit langen Griffen
- Gartenschere

Seitliches Schmuckelement
Zwei 1 - 1,5 cm dicke Schösslinge in passender Länge

Sitzfläche
2,5 - 3 cm dicke und 65 cm lange Ruten

Vorderbeine
4 - 5 cm dicke und 50 cm lange Stangen

Vorderer Sitzabschluss
2,5 - 3 cm dicke und 44,5 cm lange Rute

Vordere Außenstrebe
4 - 5 cm dicke und 65 cm lange Stange

Arm- und Rückenlehne
1 - 1,5 cm dicke Schösslinge in passender Länge

Rückenstab
2,5 - 3 cm dicke und 65 cm lange Rute

Hinterbein
4 - 5 cm dicke und 77,7 cm lange Stange

Seitliche Außenstrebe
4 - 5 cm dicke und 65 cm lange Stange

Diagonalstrebe
4 - 5 cm dicke Stange in passender Länge

Kurze Schrägstrebe
1,5 - 2 cm dicke Rute in passender Länge

BAU DES GARTENSESSELS

1. Sägen Sie die Beine, die Außenstreben sowie die Ruten für Sitz, Rücken und Sitzabschluss auf die angegebene Länge. Die Länge der kurzen Schrägstreben ergibt sich beim Zusammenbauen. Flachen Sie mit dem Beil alle Enden ab, wie im Bild zu sehen.

3. Bauen Sie die andere Seite spiegelbildlich zur ersten. Verbinden Sie die beiden Seitenteile mit Außenstreben und kurzen Schrägstreben, so dass der Innenabstand 44,5 cm beträgt.

4. Schneiden Sie die Diagonalstreben sehr passgenau zu und nageln Sie diese mit 75 mm-Nägeln schräg an die Beine, so dass die Nägel möglichst tief eindringen.

2. Seitenteil: Legen Sie 2 Beine, 2 Außenstreben und 2 kurze Schrägstreben so zusammen, dass der Innenabstand zwischen den Beinen 46 cm beträgt. Dabei auf Rechtwinkligkeit achten! Bohren Sie die Löcher durch die aufliegenden Hölzer vor und nageln Sie alles mit 100 mm-Nägeln zusammen.

5. Sitzfläche: Nageln Sie die Ruten von vorn nach hinten auf den Außenstreben und anschließend den vorderen Sitzabschluss davor. Benutzen Sie hier durchweg Leichtbauplattenstifte.

6 Nageln Sie hinten einen Sitzabschluss auf die Sitzfläche, biegen Sie nacheinander drei Schösslinge als Lehne und nageln Sie diese mit 40 mm-Nägeln oben auf die 4 Sesselbeine.

7 Bringen Sie die Rückenstäbe so an, dass sie leicht auffächern. Nageln Sie sie mit 70 mm-Nägeln unten an den hinteren Sitzabschluss und oben durch die gebogenen Schösslinge.

8 Befestigen Sie mit 40 mm-Nägeln 8 Schösslinge für die Arm- und Rückenlehne, sowie die Schösslinge für das geschwungene seitliche Schmuckelement.

VARIANTEN

(1) Traditionelle amerikanische Form mit gedrehten Armlehnen. (2) Sessel mit bogenförmiger Rückenlehne und Beinen aus krumm gewachsenen Hölzern. (3) Hochlehnsessel mit bänderartigen Armlehnen.

FRISCHHOLZBRÜCKE

Diese Brücke ist ein wirklich großes, eindrucksvolles Holzbauwerk, dessen Bau zudem noch viel Spaß macht. Versetzen Sie sich beim Bauen einfach in das Leben eines Abenteurers, der in einer Blockhütte in der Wildnis lebt und enge Täler mit Hängebrücken überspannt ...

WAS SIE BRAUCHEN

Material für eine ca. 1,80 m hohe, 1,30 m breite und 3,70 m lange Brücke:

- Lärche: zwei gerade junge Stämmchen, je 4 m lang und 13 cm dick (zwei Balken)
- Lärche: zwei 2 m lange und 13 cm dicke Stangen (vier Pfähle)
- Lärche: fünf 3 m lange und 10 cm dicke Stangen (Trittbretter)
- Lärche: drei 2 m lange und 10 cm dicke Stangen (Ausleger)
- Mehrjähriges Buchenfrischholz: vier 4 m lange und 4 - 5 cm dicke (gebogene) Stangen (Geländer-Handlauf)
- Mehrjähriges Buchenfrischholz: sechs 3 m lange und 4 - 5 cm dicke Stangen (Geländerstützen)
- Mehrjähriges Buchenfrischholz: vier 2 m lange und 4 - 5 cm dicke Stangen (Geländerstreben)
- Stahlnägel: 2 kg 4,2 mm x 120 mm, sowie 2 kg 5,5 mm x 150 mm

Werkzeuge

- Bleistift und Bandmaß
- Tragbare Werkbank oder Sägeböcke
- Fuchsschwanz mit grober Zahnung
- Beil
- Hackklotz
- Vorschlaghammer
- Akku-Bohrmaschine
- Bohrer für die verschiedenen Nagelgrößen
- Holzhammer
- Hammer und Zange

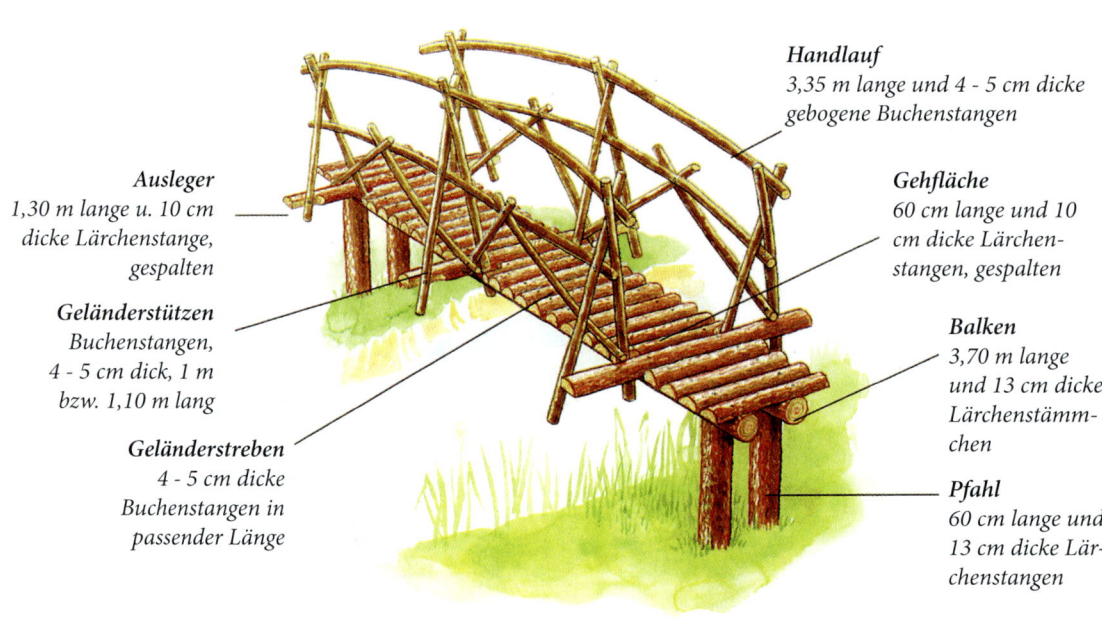

Ausleger
1,30 m lange u. 10 cm dicke Lärchenstange, gespalten

Geländerstützen
Buchenstangen, 4 - 5 cm dick, 1 m bzw. 1,10 m lang

Geländerstreben
4 - 5 cm dicke Buchenstangen in passender Länge

Handlauf
3,35 m lange und 4 - 5 cm dicke gebogene Buchenstangen

Gehfläche
60 cm lange und 10 cm dicke Lärchenstangen, gespalten

Balken
3,70 m lange und 13 cm dicke Lärchenstämmchen

Pfahl
60 cm lange und 13 cm dicke Lärchenstangen

BAU DER BRÜCKE

1 Sägen Sie die vier Pfähle auf 60 cm Länge und spitzen Sie jeweils das untere Ende mit dem Beil zu. Treiben Sie beiderseits des Teiches bzw. Baches jeweils 2 nebeneinander im Innenabstand von 20 cm mit dem Vorschlaghammer in den Boden, so dass die oberen Enden gleich hoch sind. Nageln Sie nach dem Vorbohren die zwei Tragbalken mit 150 mm-Nägeln darauf.

2 Legen Sie einen zugeschnittenen und gespaltenen Ausleger in die Mitte und die beiden anderen jeweils soweit an die Enden, dass noch 4 Trittbretter Platz haben. Ausleger und Trittbretter werden mit 120 mm-Nägeln auf die Balken genagelt. Bringen Sie an 3 Trittbrettern neben den Auslegern Einkerbungen für die Geländerstützen an.

3 Schneiden Sie 8 Geländerstützen auf 1 m Länge und 4 auf 1,10 m und bilden Sie passende Paare. Überkreuzen Sie jedes Paar 20 cm vom oberen Ende und verbinden Sie dort die beiden Stützen mit 150 mm-Nägeln (Vorbohren und die Nagelenden auf der Rückseite umschlagen).

4 Richten Sie die Geländerstützen so aus, dass die äußeren ca. 65,5 cm über die Gehfläche ragen und nageln Sie sie gespreizt an die überstehenden Enden der Ausleger. Bohren Sie vor und benutzen Sie 150 mm lange Nägel.

5 Legen Sie die Handläufe in die Geländerstützen ein und nageln Sie sie mit 150 mm langen Nägeln fest. Hier brauchen Sie Hilfe beim Zurechtbiegen des Handlaufs. Befestigen Sie die unteren Handläufe mit 120 mm-Nägeln von unten an den Kreuzungspunkten der Geländerstützen.

6 Schneiden Sie die 8 Geländerstreben auf Länge und nageln Sie mit 120 mm-Nägeln (Nagelspitzen auf der Rückseite umschlagen) jeweils das untere Ende unten an die innere Geländerstütze und das obere Ende an die Mitte des unteren Handlaufs (siehe Bild).

VARIANTEN

(1) Hier sind Stufen in die Geländerführung mit einbezogen. (2) Brücke mit gebogenem Handlauf und knorrigen Geländerstangen. (3) Dieser Entwurf wurde durch Bilder auf chinesischem Porzellan angeregt.

TEE-PAVILLON

Was kann es Schöneres geben, als an einem warmen Sommernachmittag zu zweit in diesem schattigen Pavillon gemütlich Tee zu trinken? Aber so wohlbedacht lässt sich der Garten auch zu jeder anderen Jahreszeit genießen ...

WAS SIE BRAUCHEN

Material für einen etwa 3,50 m hohen Pavillon mit 1,70 m Durchmesser:

- Lärche: sechzehn 3 m lange und 14 cm dicke Stangen (Pfosten, Riegel und Dachspitze)
- Lärche: drei 2 m lange und 10 cm dicke Stangen (Bodenbalken)
- Lärche: sechs knorrige Knüppel, 1,10 m lang und 4 - 6 cm dick (dekorative Geländerstäbe)
- Mehrjähriges Buchenfrischholz: drei 2 m lange und 6 cm dicke Stangen (Sparren)
- Mehrjähriges Buchenfrischholz: acht 2 m lange und 4 cm dicke Stangen (Dachstreben, Diagonalstreben und Schrägstreben)
- Haselfrischholz: neun 2 m lange und 2 - 2,5 cm dicke Ruten (Deckhölzer, gerade Geländerstäbe)

- Gehobelte Bretter: zehn Stück, 2 m lang, 15 cm breit, 20 mm dick (Fußboden und Fensterbretter)
- Unbesäumte Bretter: ca. 130 Stück, 2 m lang, 10 cm breit, 10 mm dick (Wand- und Dachverkleidung)
- Stahlnägel: 3 kg 5,5 mm x 150 mm, 2 kg 4,2 mm x 120 mm, 2 kg 3,8 mm x 100 mm
- Verzinkte Nägel: 2 Päckchen 2,0 mm x 40 mm
- Betonsteine: 6 oder mehr (Fundament)
- Plastikfolie: mittlere Stärke, ca. 2 m x 3 m
- Dachpappe: 1 Rolle mittlerer Stärke, 1 m breit, 10 m lang
- Kräftiges Klebeband: 2 m, 30 mm breit

Werkzeuge
- Bleistift, Filzstift, Bandmaß
- 2 tragbare Werkbänke bzw. Sägeböcke
- Fuchsschwanz mit grober Zahnung
- Holzhammer
- Großer Stechbeitel
- Akku-Bohrmaschine
- Bohrer für die verschiedenen Nagelgrößen

- Hammer und Zange
- Spaten
- 1 Rolle Schnur
- Wasserwaage und Messbrett
- Stehleiter
- Beil
- Teppichmesser und eine alte Schere
- Astschere mit langen Griffen
- Gartenschere

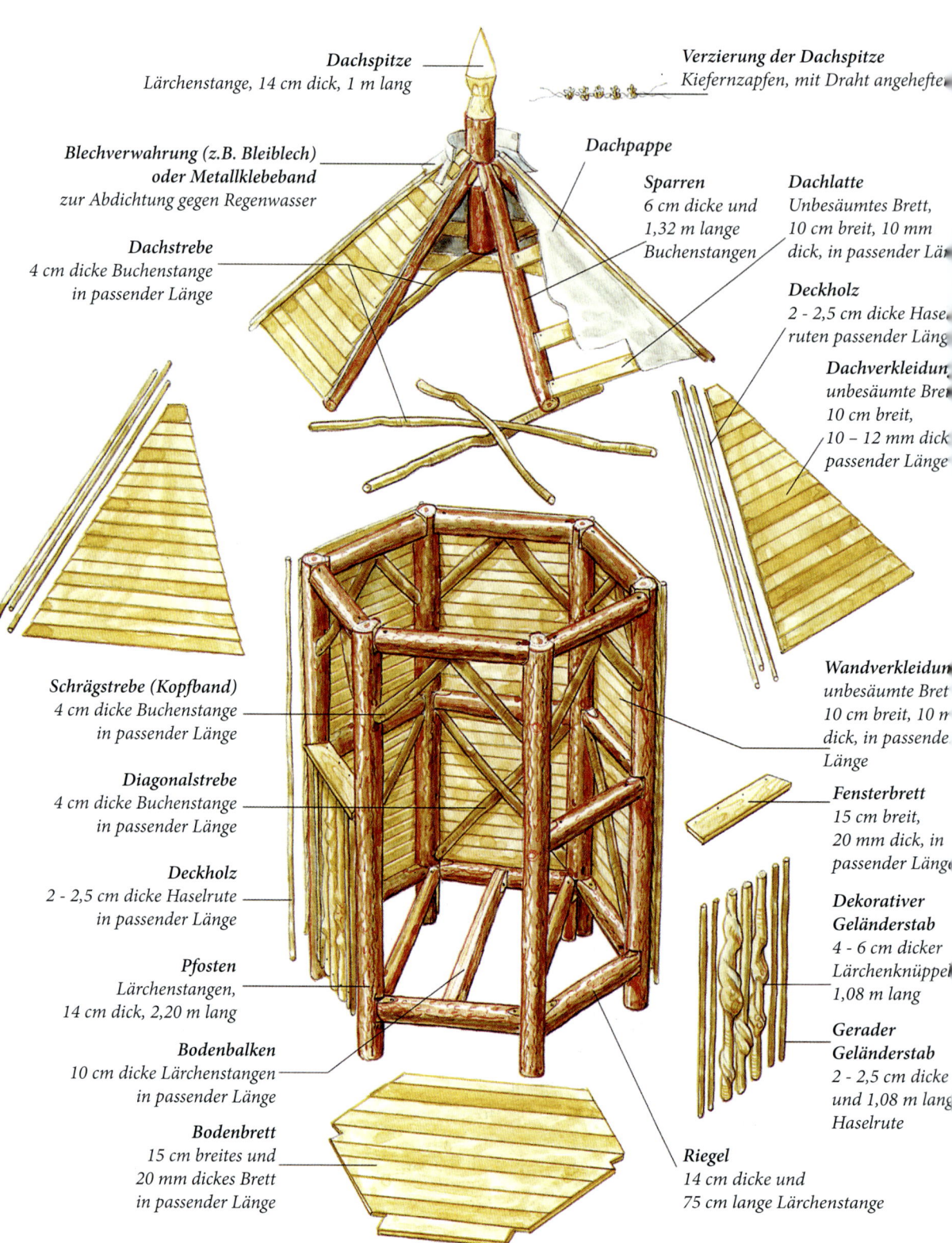

BAU DES TEE-PAVILLONS

1 Nach dem Zuschneiden der 6 Pfosten markieren Sie die Positionen der Riegel und stemmen dort Aussparungen im 60°-Winkel zueinander aus (außer bei Türpfosten in der Mitte).

2 Legen Sie die Pfosten paarweise auf den Rasen und nageln Sie je 3 Riegel dazwischen. Nageln Sie auch gleich die Schrägstreben mit 150 mm-Nägeln über die oberen Ecken.

3 Ebnen Sie den Bauplatz ein und legen Sie dort Plastikfolie aus. Zeichnen Sie einen Kreis mit einem Halbmesser von 85 cm und legen Sie für jeden Pfosten einen Betonstein auf die Folie. Achten Sie auf gleiche Höhe (Wasserwaage).

4 Stellen Sie die Pfosten paarweise auf die Fundamente und berücksichtigen Sie die vorgesehene Lage des Eingangs. Halten Sie die Pfosten mit vorläufigen Stützen aufrecht. Setzen Sie die fehlenden Riegel ein. Überprüfen Sie mit der Wasserwaage, dass die Pfosten im Lot sind.

5 Setzen Sie die beiden äußeren Bodenbalken auf zugeschnittene Abfallhölzer und nageln Sie sie an die Pfosten. Für den mittleren Bodenbalken stellen Sie eine Überblattung her, damit das Gewicht des Bodens aufgefangen wird (siehe Foto).

6 Nageln Sie die Bodenbretter mit 100 mm-Nägeln auf die Balken. Beginnen Sie am Eingang, damit die Türschwelle aus einem ganzen Brett besteht.

7 Verwenden Sie für die Dachstreben leicht gebogene Stangen, die sich in der Mitte besser überkreuzen lassen. Nageln Sie sie mit 100 mm-Nägeln auf gegenüberstehende Pfosten.

8 Dachspitze auf Länge schneiden und mit Säge, Stechbeitel und Holzhammer ringförmig eine Kerbe zur Aufnahme Sparren anbringen. Das obere Ende zuspitzen.

9 Richten Sie das A-förmige Dachgebälk aus Dachspitz, zwei Sparren und einer verbindenden Buchenstange auf zwei gegenüberliegenden Pfosten auf und stützen Sie es vorläufig ab. Nageln Sie es mit 120 mm-Nägeln an den Pfosten fest und fügen Sie dann die restlichen vier Sparren hinzu.

10 Nageln Sie unbesäumte Bretter auf die Sparren, als Träger für die Dachpappe. Darüber dreieckige Dachpappenstücke, von unten beginnend, überlappend auf die Dachlatten heften. Anschließend von unten nach oben überlappend unbesäumte Bretter als Dachverkleidung mit 40 mm-Nägeln anbringen.

11 Schneiden Sie die Bretter für die Wandverkleidung zu und nageln Sie sie mit 40 mm langen Nägeln von unten ausgehend so an die Pfosten, dass der seitliche Zusammenstoß der Bretter möglichst in einer geraden senkrechten Linie verläuft und dass die unteren Baumkanten an allen Brettern sichtbar bleiben.

12 Schneiden Sie die Fensterbretter zu und passen Sie sie ein, bringen Sie die Diagonalstreben an den hinteren Wänden an, decken Sie den Stoß der Bretter bei der Dach- und Wandverkleidung mit Deckhölzern ab und nageln dann mit 100 mm-Nägeln die dekorativen und die geraden Geländerstäbe unter die Fensterbretter.

VARIANTEN

(1) Tee-Pavillon mit flachem Dach, gut geeignet für einen windigen Aufstellungsort. (2) Offener kleiner Pavillon, der von Kletterpflanzen bewachsen werden soll. (3) Rechteckige Liebeslaube mit Bank.

Weitere Bücher im ökobuch Verlag

Anders gärtnern
Permakultur-Elemente im Hausgarten. Ob Kräuterspirale, Krater- bzw. Hochbeet, Kartoffelturm, Wurmfarm oder Erdgewächshaus mit Hühnerstall, bei allem dient die Natur als Vorbild. Mit vielen Anleitungen für einen Hausgarten, in dem die Bereiche harmonisch zusammenwirken und sich gegenseitig fördern. Von Margit Rusch. 96 Seiten, mit vielen farbigen Abbildungen, 16,95 €

Mein kleiner Permakultur-Garten
300 kg Ernte auf 150 m² Fläche mitten in der Stadt. Der Autor Josef Chauffrey beschreibt die Kultivierung eines Reihenhausgartens nach Permakultur-Prinzipien und zeigt, wie sich beachtliche Ernteerfolge an Obst u. Gemüse erzielen lassen. 110 Seiten, mit vielen farbigen Abbildungen, 16,95 €

Das Biogarten-Praxisbuch
Anleitung zum naturgemäßen Gärtnern in Bildern. Hier wird das notwendige Wissen vermittelt, um erfolgreich den Boden zu bestellen und reichhaltig gesundes Obst und Gemüse zu ernten. Susanne Bruns. 224 Seiten, viele Abbildungen, 18,95 €

Permakultur im Hausgarten
Mit diesem Buch gibt der Autor einen Leitfaden an die Hand, wie ein Hausgarten Stück für Stück zum persönlichen und vielseitigen Permakultur-Garten gestaltet oder umgestaltet werden kann. Jonas Gampe. 144 Seiten, mit vielen Abbildungen, 16,95 €

Auf 300 qm Gemüseland
… den Bedarf eines Haushalts ziehen. Wie man auf kleinstem Raum einen Nutzgarten anlegt und erfolgreich bewirtschaftet, können wir von unseren Vorfahren lernen. Mit schnellen, praktischen, alphabetisch geordneten Infos über die wesentlichen Pflanzen, über Anbau- und Arbeitsmethoden. Von Arthur Janson. Neugestalteter Nachdruck der Erstausgabe von 1926. 170 Seiten, 16,95 €

Saatgut aus dem Hausgarten
Nach einer Einführung in die Saatgutgewinnung und in die Praxis der Vermehrung werden die nötigen Hilfsmittel, Ernte, Reinigung und Lagerung der Samen sowie Aussaat und Aufzucht beschrieben. Mit kurzen Pflanzenporträts aller im Hausgarten üblichen Kräuter, Gemüse und Blumen. Von Marlies Ortner. 138 Seiten, mit vielen farbigen Abbildungen, 19,90 €

Trocknen und Dörren mit der Sonne
Bau & Betrieb von Solartrocknern. Ein Buch für alle, die einen funktionstüchtigen Solartrockner kostengünstig selbst bauen möchten, um Obst, Gemüse und Kräuter natürlich und hochwertig haltbar zu machen. Außerdem: Praxis des Trocknens mit vielen Tipps aus langjähriger Erfahrung. Herausgegeben von Claudia Lorenz-Ladener. 96 Seiten, mit vielen farbigen Abbildungen, 16,95 €

Terrassen und Decks aus Holz selbst gebaut
Planungsüberlegungen, sinnvolle Konstruktionen, Materialempfehlungen. Viele Beispiele und Schritt-für-Schritt-Bilder vermitteln das Wissen zum Bau schöner Holzdecks. Von Peter Himmelhuber. 102 Seiten, mit vielen farbigen Abbildungen, 16,95 €

Mein Garten lebt
Vögel, Schmetterlinge, Igel, Wildbienen und andere nützliche Tiere ansiedeln. Mit Bauanleitungen und Gestaltungsideen, um durch Nisthilfen, Schlafquartiere u.ä, Gärten tierfreundlich zu gestalten. Von Peter Himmelhuber. 96 Seiten, mit vielen farbigen Abbildungen, 16,95 €

Natürlich konservieren
Die 250 besten Rezepte, um Gemüse und Obst möglichst naturbelassen haltbar zu machen und ein maximum an Vitaminen, Nährstoffen und Geschmack zu erhalten. Herausgegeben von Terre Vivante. 160 Seiten, mit vielen Abbildungen, 16,95 €

Trockenmauern für den Garten
Bauanleitung & Gestaltungsideen. Ob Sitzplätze oder Hochbeete einzufassen, eine Hangfläche zu terrassieren oder das Grundstück einzugrenzen: Mit einfachen Werkzeugen kann jeder kostengünstig eine schöne und dauerhafte Trockenmauer selbst bauen. Von Jana Spitzer und Reiner Dittrich. 96 Seiten, mit vielen farbigen Abbildungen, 16,95 €

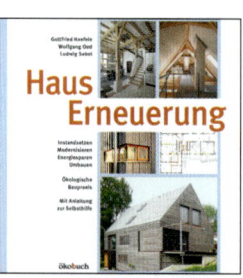

Bunte Körbe aus Gräsern und Kräutern
Die Technik des Korbwickelns neu entdeckt. Anleitungen zur Herstellung von bunten Körben durch Wickeln und Vernähen von Strängen aus heimischen Faserpflanzen. Mit vielen Schritt-für-Schritt-Anleitungen. Von Walter Friedl. 96 Seiten, mit vielen farbigen Abbildungen, 17,95 €

Hauserneuerung
Instandsetzen - Modernisieren - Energiesparen - Umbauen: mit Anleitung zur Selbsthilfe. Das Buch beschreibt ausführlich den behutsamen, handwerklich sachgerechten und umweltverträglichen Umgang mit alter Bausubstanz. Von G. Haefele, W. Oed und L. Sabel. 256 Seiten, mit vielen Abbildungen, 28,90 €

Vom Altbau zum Effizienzhaus
Energietechnische Gebäudesanierung in der Praxis: Nachträgliche Wärmedämmung der Gebäudehülle, Fenstererneuerung, sowie Sanierung der Haustechnik einschließlich Lüftung, Heizung, Sanitär und Elektro. Hrsg. von Ingo Gabriel und Heinz Ladener. 200 Seiten, mit vielen farbigen Abbildungen, 28,90 €

Praxis: Holzfassaden
Material, Planung, Ausführung. Das Buch zeigt nicht nur die gestalterischen Möglichkeiten moderner Holzfassaden, sondern stellt zahlreiche vorbildliche Beispiele und Detaillösungen mit Ecken, Sockel, Dach- und Fensteranschlüssen vor. Von Ingo Gabriel. 112 Seiten, mit vielen farbigen Abbildungen, 28,- €

Handbuch Lehmbau
Umfassendes Lehrbuch und Nachschlagewerk: Es zeigt Einsatzmöglichkeiten, Eigenschaften und Verarbeitungstechniken des Baustoffes Lehm. Mit Forschungsergebnissen und Beschreibungen ausgeführter Lehmhäuser. Von Gernot Minke. 222 Seiten, mit vielen Abbildungen, 38,- €

Neues Bauen mit Stroh in Europa
Bauen mit großformatigen Quadern aus gepresstem Stroh: gebaute Beispiele, erprobte Bauformen und Konstruktionen, Besonderheiten, neue Projekte und Forschungen. Von H. u. A. Gruber u. H. Santler. 112 Seiten, mit vielen Abbildungen, 16,95 €

Handbuch Strohballenbau
Ein Konstruktions-Handbuch, das Konzeption, Bautechnik und alle Details beschreibt, um aus Strohballen gut gedämmte, dauerhafte Häuser zu bauen. Mit vielen Konstruktionsdetails und Beispielen. Von Gernot Minke und Benjamin Krick. 152 Seiten, mit vielen farbigen Abbildungen, 29,90 €

Haus der Zukunft
Ein Drittel aller Treibhausgase entsteht (noch) bei uns Zuhause. Das Buch möchte motivieren und zeigen, wie unser Zuhause in 20 bis 40 Jahren aussehen könnte und welche Wege dorthin führen. Von Simon Grieger. 196 Seiten, mit vielen farbigen Abbildungen, 24,90 €

Regenwasser für Garten und Haus
Ein kompetenter Ratgeber für Planung und Bau von Regenwassersammelanlagen nach dem Stand der Technik: Bemessung, Genehmigung, Speichertanks, Pumpen, Rohrleitungen, Zubehör. Von Karlheinz Böse. 96 Seiten, mit vielen Abbildungen, 16,95 €

Autonome Stromversorgung
Auslegung, Aufbau und Praxis autonomer Stromversorgungsanlagen mit Batteriespeicher für Beleuchtung und für netzferne Handwerks- u. Landwirtschaftsbetriebe. Von Philipp Brückmann und Georg Bopp. 126 Seiten, mit vielen Abbildungen, 22,90 €

Unsere Bücher erhalten Sie in allen Buchhandlungen.
www.oekobuch.de · E-Mail: verlag@oekobuch.de